시대의
목격자들

시대의 목격자들

초 판 1쇄 2025년 06월 19일

지은이 김도균
펴낸이 류종렬

펴낸곳 미다스북스
본부장 임종익
편집장 이다경, 김가영
디자인 임인영, 윤가희
책임진행 이예나, 김요섭, 안채원, 김은진, 이예준

등록 2001년 3월 21일 제2001-000040호
주소 서울시 마포구 양화로 133 서교타워 711호
전화 02) 322-7802~3
팩스 02) 6007-1845
블로그 http://blog.naver.com/midasbooks
전자주소 midasbooks@hanmail.net
페이스북 https://www.facebook.com/midasbooks425
인스타그램 https://www.instagram.com/midasbooks

© 김도균, 미다스북스 2025, *Printed in Korea*.

ISBN 979-11-7355-279-3 03810

값 **18,000원**

※ 파본은 구입하신 서점에서 교환해드립니다.
※ 이 책에 실린 모든 콘텐츠는 미다스북스가 저작권자와의 계약에 따라 발행한 것이므로 인용하시거나 참고하실 경우 반드시 본사의 허락을 받으셔야 합니다.

미다스북스는 다음세대에게 필요한 지혜와 교양을 생각합니다.

시대의 목격자들

제6공화국,
우리가 함께 겪었으나
말하지 못한 것들

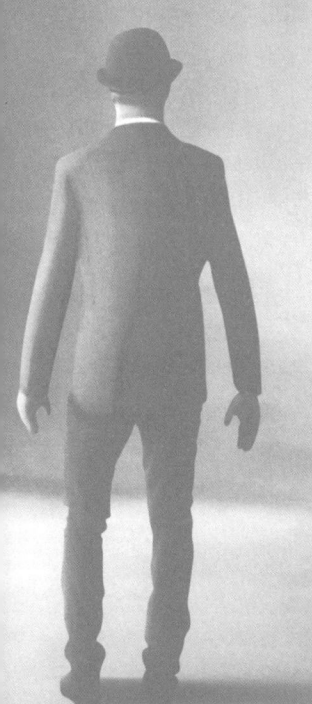

김도균 지음

미다스북스

노태우의 북방정책과 불곰사업,
김영삼의 문민정부와 삼풍백화점 붕괴,
김대중의 IMF 극복과 IT 붐 그리고 월드컵,
노무현의 참여정부와 탄핵 소동 및 한미 FTA,
이명박의 광우병 시위와 글로벌 금융위기 극복,
박근혜의 세월호와 탄핵,
문재인의 부동산 정책과 코로나,
윤석열의 한미관계 복원과 탄핵 그리고 또다시 반복된 정치의 대립까지.

그 과정에서 나는 학생이었고 군인이었고 직장인이었으며,
배우자이자 아버지가 되었다.
동시에 대한민국의 평범한 시민이자
시대를 체감하며 살아가는 민초였다.

나 자신에게 수없이 물었다.

"나는 시대를 어떻게 경험했는가?"

"그때 나는 어떤 생각을 했고, 어떤 감정을 느꼈는가?"

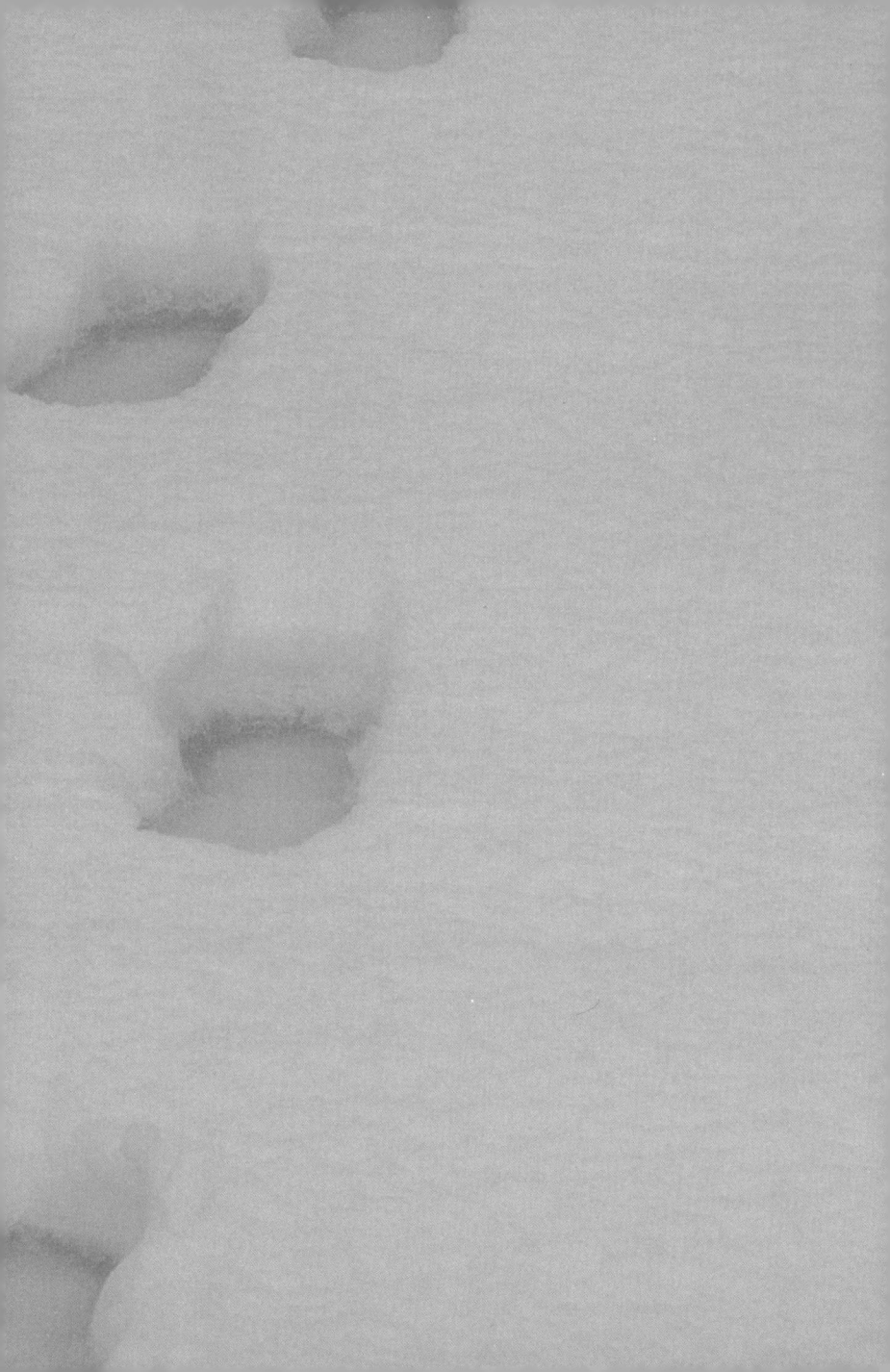

이 책이 누군가에게는 잊고 있던 기억의 복원이고
또 누군가에게는 새로운 공화국을 향한 질문의 시작이 되기를 바란다.
나는 대한민국 6공화국의 전 생애를 경험한 최초의 세대다.
이 책은 그 세대의 목소리다.

015　**프롤로그** 한 개인의 기억은, 곧 시대의 목격이다

CHAPTER 1
삼 김 시대를 지나며

PART 1　6공화국의 시작, 나의 시작

　　025　1. 6공화국의 시작과 함께하다
　　029　2. 3당합당, 나는 기억할까?
　　032　3. 북방정책, 그리고 불곰사업
　　036　4. 해외, 첫 이주의 기억

PART 2　문민정부 시대와 나의 유년

　　043　1. 기억의 시작, 민주주의의 실험
　　048　2. 성수대교 붕괴, 무거웠던 충격
　　053　3. 국민학교에서 초등학교로
　　058　4. 삼풍백화점 붕괴, 공포를 가르치다
　　063　5. 검도도장과 전두환, '갈긴다'
　　068　6. IMF 전야, 유년의 경제 공포

PART 3　국민의 정부의 기억

　　075　1. IMF를 넘어서, 모두 새로운 시작
　　080　2. 디지털과 드라마, 꿈을 결정하다
　　086　3. 이해찬 1세대, 교육 개혁의 시험대
　　090　4. 2002년의 붉은 물결, 그리고 2003년

CHAPTER 2
두 번의 탄핵을 지나며

PART 4 참여정부, 개인과 정치의 혼돈 속에서

- 099   1. 귀국과 복학, 다시 한국, 다시 교실
- 103   2. 처음 만난 탄핵이라는 말
- 107   3. 입시의 시간, 사회는 더 요동친다
- 112   4. 대입과 경험한 청와대
- 116   5. 참여정부를 통과한 나

PART 5 이명박 정부, 정치와 삶의 교차로

- 121   1. 장학금도 정책이다, '행정'의 무게
- 125   2. 생애 첫 정치적 참여
- 129   3. 군대와 뉴스, 연대보고서 속 대통령
- 133   4. 안보의 공포와 경제의 불안
- 137   5. 녹색이념, 캠퍼스에 스며들다
- 140   6. 풍자와 저항의 리듬

PART 6 박근혜 정부, 회사원의 시작

- 145   1. 사회인이 된다는 것
- 148   2. 2014년 4월, 세월호의 기억
- 152   3. 헬조선이라는 이름의 나라
- 156   4. 잘못된 선택과 환상 뒤의 균열
- 160   5. 다시 만난 탄핵이라는 말

CHAPTER 3
세 번째 탄핵을 지나며

PART 7 문재인 정부, 가족의 시간

    169   1. 시작은 가족이었다
    172   2. 폭등의 기억, 말과 현실의 괴리
    176   3. 정책 아래 무너진 현실
    180   4. 조국과 정의에 대한 혼란
    184   5. 팬데믹의 시간을 겪으며
    188   6. 나와 국가의 거리를 느끼다

PART 8 윤석열 정부, 균열과 일상의 교차점

    193   1. 0.7%의 대통령, 시끄러운 출발
    196   2. 복지와 현실의 접점은 멀구나
    199   3. 다시 움직인 부동산에 올라타다
    202   4. 세번째 겪는 탄핵이라는 말
    206   5. 일상과 균열 사이에서

PART 9 새로운 7공화국에게 바란다

    211   1. 이제는 구조를 바꿀 때
    215   2. 대선과 총선을 동시에
    218   3. 교차 순환 구조의 제안
    221   4. 국익을 우선하는 마음이 먼저다
    224   5. 리듬부터 새로워야 한다

    226   **에필로그** 기억의 공화국, 그리고 우리가 맞이할 다음 시간

프롤로그

한 개인의 기억은,
곧 시대의 목격이다

내 이름은 김도균, 나는 1989년 1월 2일에 태어났다. 올림픽이 끝난 이듬해였고 대한민국은 막 6공화국의 문을 연 상태였다. 내가 세상에 첫발을 디딘 날, 뉴스에서는 '새해 다큐멘터리'가 방영되었고 거실의 텔레비전에서는 여전히 컬러 브라운관 특유의 따스한 노이즈가 흐르고 있었다. 그 순간부터 지금까지 나는 '한 사람의 민초'로서 6공화국 전 기간을 직접 살아왔다.

이 책은 바로 그 이야기다. '제6공화국, 우리가 함께 겪었으나 말하지 못한 것들'이라는 제목처럼, 나는 이 책에 거대한

국가담론이나 학문적 서술을 담는 게 아니라 한 사람의 눈, 한 사람의 기억, 한 사람의 삶의 궤적을 통해 본 대한민국 현대사를 담고자 했다. '내가 경험한 6공화국', 그리고 그 위에 쌓인 기대와 피로의 퇴적층을 딛고 '새로운 7공화국이 나아가야 할 방향'을 말하려는 시도다.

역사는 거창한 이론이 아니라 '기억' 속에 있다. 유치원에 다니던 1994년, 신문에서 본 성수대교 붕괴 기사와 텔레비전 속 무너진 교각의 이미지가 아직도 또렷하다. 초등학교 시절의 IMF와 도시락을 싸온 친구를 놀리던 교실, DJ 선거송이 TV에서 울려 퍼지던 어느 날 오후, 그 모든 기억은 내 머릿속에 연도와 함께 정리되어 있다.

나는 역사를 좋아했다. 단순히 연도와 사건을 외우는 것을 넘어 그 안에 담긴 인간의 선택, 사회의 진동, 민심의 균열을 읽는 것이 흥미로웠다. 그래서 이 책은 단순한 회고록이 아니다. 기억의 지층 속에서 발굴한 작은 조각들이 모여 하나의 지도가 되고, 그 지도가 바로 '한 세대 민초의 현대사'가 된다.

1989년의 갓난아이가 2020년대의 아빠가 되기까지 나는 여러 정부를 겪었다. 노태우의 북방정책과 불곰사업, 김영삼의 문민정부와 삼풍백화점 붕괴, 김대중의 IMF 극복과 IT 붐 그리고 월드컵, 노무현의 참여정부와 탄핵 소동 및 한미 FTA, 이명박의 광우병 시위와 글로벌 금융위기 극복, 박근혜의 세월호와 탄핵, 문재인의 부동산 정책과 코로나, 윤석열의 한미관계 복원과 탄핵 그리고 또다시 반복된 정치의 대립까지.

그 과정에서 나는 학생이었고 군인이었고 직장인이었으며, 배우자이자 아버지가 되었다. 동시에 대한민국의 평범한 시민이자 시대를 체감하며 살아가는 민초였다. 이 책을 쓰면서 나 자신에게 수없이 물었다. "나는 시대를 어떻게 경험했는가?" "그때 나는 어떤 생각을 했고, 어떤 감정을 느꼈는가?"

그리고 마지막으로 "나는 다음 공화국에게 무엇을 말해주고 싶은가?" 지금 우리가 마주한 대한민국은 어떤 이에게는 너무도 익숙한 실패이고, 또 다른 이에게는 여전히 가능성의 땅이다. 하지만 나는 믿는다. 우리가 진짜로 필요한 것은 또 다른 공화국이 아니라, 지금까지를 정직하게 되돌아보는 태도라고.

『시대의 목격자들, 제6공화국, 우리가 함께 겪었으나 말하지 못한 것들』 이 책이 누군가에게는 잊고 있던 기억의 복원이고 또 누군가에게는 새로운 공화국을 향한 질문의 시작이 되기를 바란다. 나는 대한민국 6공화국의 전 생애를 경험한 최초의 세대다. 이 책은 그 세대의 목소리다.

2025년 여름, 김도균

태어나기 전
6월 항쟁(1997)
88서울 올림픽(1988)

2세
3당합당(1990)

5세
문민정부 시작,
금융실명제(1993)

6세
성수대교 붕괴(1994)

7세(국민학교 1학년)
삼풍백화점 붕괴(1995)

9세
IMF 경제 위기(1997)

14세
2002 월드컵(2002)

16세
첫 번째 탄핵(2004)

18세(고등학교 3학년)
황우석 사태(2006)

22세
천안함 피격, 연평도 포격(2010)

25세(직장인 1년 차)
박근혜 정부 시작(2013)

26세
세월호(2014)

29세
두 번째 탄핵(2017)

32세(결혼 1년 차)
코로나 창궐(2020)

36세
세 번째 탄핵(2024)

일러두기

이 책에서 사용한 사건 명칭과 용어는 각종 공식 자료 및 일반적으로 통용되는 표현을 기준으로 작성하였다. 다만, 특정 사건이나 인물에 대한 평가 및 감상은 저자의 개인적인 견해를 바탕으로 서술하였음을 밝힌다.

특히 현대사와 관련된 내용은 역사적 자료, 연구 결과, 다양한 관점을 참고하여 작성하였으나, 본 서술은 국민의 한 사람으로서 저자의 개인적인 시각을 반영한 것이다. 따라서 본문에서 언급한 의견은 독자마다 다양한 해석과 견해가 있을 수 있음을 고려하기 바란다.

더불어, 논란이 있을 수 있는 사건에 대해서는 최대한 객관적인 사실을 기반으로 기술하였으며, 명확하지 않은 부분은 해당 사실의 불분명함을 밝히는 방식으로 서술하였다. 독자는 본 서술을 참고하되, 다양한 자료와 의견을 통해 스스로 역사적 사실을 판단하기를 권한다.

CHAPTER 1

삼 김 시대를 지나며

PART 1

6공화국의 시작,
나의 시작

01

6공화국의 시작과 함께하다

`#과도기`　`#6월항쟁 이후`　　　　　　　　1989년 1월, 1세

나는 1989년 1월 2일에 태어났다. 한 개인의 생애가 시작된 이날은 한 가족에게는 단지 첫아이의 탄생이었을지 모르지만 더 넓은 맥락에서 보면 대한민국 현대사의 한 꼭짓점에 위치한 상징적인 시점이었다. 내 삶의 시작은 6공화국이라는 이름의 새로운 체제가 점차 안정을 찾아가고 있던 바로 그 시기와 정확히 겹쳐 있었다. 이것은 단순한 우연처럼 보일 수 있으나 나에게는 이 책을 쓰게 만든 역사적, 상징적 명분이 되었다. 나는 나의 생애 전체를 6공화국의 시간과 함께 걸어왔다. 그리고 그것은 곧 대한민국 현대사의 한 시대와 나의 생애사가 정확히 포개

졌다는 뜻이기도 하다.

내가 태어난 날, 즉 1989년 1월 2일은 서울올림픽이 끝난 바로 다음 해 그 두 번째 날이었다. 1988년 가을 전 세계의 이목이 집중되었던 서울올림픽은 대한민국이 산업화와 민주화의 두 파도를 지나 국제사회로 진입하는 상징적 사건이었다. 바로 그 이듬해, 올림픽의 여운이 채 가시기도 전 텔레비전에서는 '새해 첫 다큐멘터리'가 방영되었다고 한다. 그 다큐멘터리의 주제는 무엇이었을까? 분단의 현실일 수도, 산업화의 그림자일 수도, 혹은 6공화국이라는 새로운 체제에 대한 희망과 불안의 초상화였을지도 모른다. 그리고 그다음 날 나는 태어났다. 한 국가가 체제를 바꾸고 사회가 숨을 고르던 바로 그 시점에 말이다.

그때 대한민국은 아직도 과도기였다. 브라운관에서는 흑백 뉴스와 컬러 광고가 함께 흘러나왔고, 거리에서는 스쿠터와 포니가 함께 달리고 있었다. 전두환 정권의 유산이 여전히 곳곳에 남아 있었고 광장과 학교, 심지어 가정 안에서도 그 시대의 흔적은 지워지지 않은 채로 이어지고 있었다. 그 와중에 6공화국은 '이전과는 다른 새로운 무엇'을 약속하며 출범했다. 겉으로는 문민 정부를 표방했지만, 실상은 보안사령관 출신의 대통령, 노태우가 이끄는 '절반의 군정 종식'이었다.

1987년 6월항쟁을 통해 쟁취한 대통령 직선제 개헌은 시대를 뒤흔든 승리였고 그 결실로 노태우가 제13대 대통령으로 선출되었다. 그러나 민중의 외침이 완전히 제도화되기엔 시간과 체력이 더 필요했다. 6공화국은 그 한계와 가능성을 동시에 품은 체제였다. 전두환 정권으로 상징되던 5공화국의 그림자를 벗어나려 노력하면서도 여전히 군부의 질서와 냉전적 사고방식에 머물러 있었던, 이중적이고 복합적인 시대였다.

그 무렵, 나는 겨우 몇 달 된 갓난아기였다. 말을 배우기에는 한참 이르고 걸음마는커녕 눈을 제대로 뜨기도 힘든 시기였다. 하지만 그 시기에도 나는 세상의 공기와 소리를 듣고 있었다. 어머니의 숨결, 아버지의 발걸음, 흑백 뉴스 속 앵커의 목소리, 거리에서 울려 퍼지던 확성기 소리, 그리고 가족들이 시청하던 9시 뉴스의 웅성거림. 그 모든 것은 아직 언어를 갖기 전의 나에게 '세상'이라는 감각으로 스며들고 있었을 것이다.

내가 태어난 직후, 부모님은 유학을 위해 미국행 비행기에 올랐다. 아버지의 박사학위 과정은 가족의 미래를 위한 큰 도전이었고, 어머니 역시 학업을 병행하거나 적응의 시간을 함께 견뎌야 했다. 그 여정의 시작점에서, 나는 부모님의 품을 떠나 할아버지와 할머니의 품에서 첫 해를 보냈다. 유년기란 기억되지 않지만 분명 존재한 시절이었다. 그곳에서 나는 '가족'이라는 울타리 속에서, '대한민국'이라는 체제의 가장 기초적인 단위인 민초의 생활을 처음으로 접하고 있었다.

 나는 그 시절을 기억하지 못한다. 그러나 나는 그 시절을 살아냈다. 그리고 살아낸 것만으로도 나는 그 시대의 산 증인이 되었다. 기억은 없을지언정 그 시대가 내 안에 남긴 영향은 지금도 나의 가치관과 감정, 사고방식 속 어딘가에 고요히 깃들어 있다. 이 책은 바로 그런 기억 너머의 경험, 기억하지 못했지만 존재했던 시간, 그리고 기억 이후에 점차 선명해지는 시대의 흐름을 따라가는 여정이다. 한 인간의 시작이, 어떻게 한 시대와 함께했는지, 그리고 그 삶의 작은 물결이 어떻게 현대사의 큰 흐름과 교차하며 오늘의 나를 만들었는지를 이야기하고 싶었다.

○
2

3당합당, 나는 기억할까?

`#3당합당` `#3김시대`   1990년 1월, 2세

 1990년 1월, 대한민국의 정치사는 한순간에 뒤섞였다. 당시 여당이던 민주정의당(민정당), 야당의 일각이던 통일민주당, 그리고 신민주공화당이 극적인 방식으로 손을 맞잡고, 3당합당이라는 이름의 거대한 정계 재편을 단행했다. 이 합당은 전두환 정권의 후신이자 당시 집권 세력이던 민정당이 김영삼이 이끌던 통일민주당 일부, 그리고 김종필의 공화당과 통합한 사건으로, 사실상 군정의 연장선에 있던 세력과 민주화 세력의 정치적 결혼으로 평가받는다.

 그때 나는 아기였다. 정치를 알기엔 너무 어렸고, 뉴스의 무

계를 이해하기엔 세상의 언어가 아직 낯설었다. 그러나 이상하게도 그 시절의 공기, 어른들의 표정, 브라운관 속에서 반복되던 인물들의 이름만큼은 아주 오래도록 기억의 배경음처럼 내 안에 남아 있다. 우리 집에는 아침이면 늘 TV 뉴스가 흘러나왔다. 할아버지는 정장을 입고 신문을 넘기며 고개를 끄덕였고, "이건 김영삼의 선택이 크다"고 말했다. 나는 아무것도 모른 채 바닥에 앉아 블록을 쌓으며 그 목소리들을 배경음처럼 흘려들었지만, 어느새 '김영삼', '노태우', 'JP' 같은 이름은 내 머릿속에 장난감처럼 얹혀 있었다.

어린 나는 세상이 하나로 합쳐진다는 말을 어렴풋이 좋게 받아들였던 것 같다. "싸우던 사람들이 손을 잡았다."라고 말하면, 어른들은 고개를 저으며 "그게 다 정치야."라고 답했다. 그 말은 무슨 뜻인지 몰랐지만 왠지 어른들의 표정은 밝지 않았다. '정치'라는 단어는 그때부터 나에게 무겁고 음울한 말이 되었다. 그 시절, 라디오에서는 '정치적 대 타협'이라는 표현이 반복되었고, 동네 어귀의 포스터에는 낯익은 얼굴들이 겹겹이 덧씌워졌다. 초등학교 입학도 전의 나는 세상이 왜 그렇게 시끄러운지는 몰랐지만, 분명 그 시절의 겨울은 유난히 차갑고 무거웠던 기억으로 남아 있다.

　3당합당은 결국 그로부터 몇 년 뒤 문민정부 탄생의 출발점이 되었고 그 중심에는 김영삼 대통령이 있었다. 하지만 그 모든 흐름은 어린 나에게는 가족의 식탁에서 오가는 대화, TV 속 정치인의 제스처, 그리고 거리의 현수막과 표정 없는 얼굴들로 남아 있다. 나는 그때 정치가 우리 집안의 무언가를 바꿔 놓는다는 사실은 몰랐지만, 지금 돌이켜보면 그 시절이야말로 나라는 개인이 '국가'라는 흐름과 처음으로 만났던 시기였던 것 같다.

　나는 그저 할머니 손을 잡고 골목을 걷던 아이였지만 그 발밑엔 거대한 정계 재편의 진동이 미세하게 전해지고 있었다. 그것은 이후 내가 살아갈 대한민국이라는 시간표에 서서히 영향을 주기 시작했다.

　정치를 모르는 시절에도 정치는 내 곁에 있었다. 그리고 그 존재는 지금도 나에게 묻는다. "그 시절의 합당은 무엇을 바꾸었고, 그 바뀐 것 속에서 너는 어떤 기억을 안고 자랐는가?" 아마 나는 그 질문에 아직도 답을 다 하지 못한 채 한 문장씩, 한 기억씩 이 책의 페이지를 채워가고 있는지도 모르겠다.

○
3

북방정책, 그리고 불곰사업

`#불곰사업`　`#북방정책`　　　1991년 1월, 3세

　내가 세 살 무렵이던 1991년, 대한민국은 외교사에서 새로운 지평을 여는 거대한 전환점을 맞이하고 있었다. 바로 노태우 정권이 주도한 '북방정책'이 본격적으로 결실을 맺기 시작한 시기였다. 북방정책은 사실상 1988년 7월 7일 노태우 대통령이 발표한 '7·7 선언'에서 그 기조가 처음 공식화되었고, 1990년대 초에 들어서면서 역사적인 외교 성과로 구체화되기 시작했다. 특히 1990년 10월의 한소(韓蘇) 수교, 1991년의 남북한 유엔 동시 가입, 그리고 1992년의 한중(韓中) 수교는 그야말로 대한민국 외교의 판을 바꾼 사건들이었다.

냉전의 마지막 잔불이 꺼져가던 그 시기, 우리 정부는 수십 년간 이어온 반공 이데올로기 중심의 외교 전략에서 벗어나 실리와 생존의 원칙에 따라 현실 정치의 새로운 길을 모색했다. 북한보다 먼저 중국, 소련, 동유럽 국가들과 손을 잡는다는 이 '파격적인 외교 전환'은 단순한 수교 이상의 의미를 지니고 있었다. 그것은 곧 한반도 외교의 주도권을 대한민국이 쥐겠다는 선언이었고, 국제사회에서 대한민국을 '정상국가'로 재위치시키려는 전략적 승부수였다.

이러한 흐름의 결정체 중 하나가 바로 '불곰사업'이라 불리는 한소 간의 무역협정이었다. 1991년 체결된 이 사업은 소련 측이 자국의 군사 장비와 에너지 자원을 제공하고, 한국은 이에 대한 대가로 물품과 기술을 공급하는 일종의 현물 중심 교환거래(barter trade)였다. 경제가 붕괴 직전이던 소련에게는 외화와 생필품을 확보할 수 있는 절실한 기회였고, 한국에게는 미사일·헬기·전차 등 전략적 군사자산을 확보할 수 있는 전례 없는 기회였다. 이는 우리 국방력에 실질적인 자산을 더했을 뿐 아니라, 한국이 단순한 미국의 동맹국이 아니라 외교적 다변화를 이끄는 '능동적 행위자'임을 국제사회에 각인시키는 계기가 되었다.

하지만 당시 나는 너무 어렸다. 내가 정확히 무엇을 보고 듣고 있었는지는 알 수 없다. 특히 나는 그 시기, 미국에 체류 중이었기 때문이다. 아버지의 박사학위 유학에 동행한 청소년기의 나는 '한반도'라는 공간을 잠시 떠나 있었다. 그럼에도 불구하고 시대의 공기에서 완전히 멀어져 있지는 않았다.

아버지가 다니던 대학의 캠퍼스는 언제나 열정과 토론으로 가득했다. 도서관 한 켠이나 학생식당의 벽걸이 TV에서는 CNN 뉴스가 끊임없이 흘러나왔다. 그 뉴스는 소련의 페레스트로이카와 글라스노스트, 베를린 장벽 붕괴, 동유럽 공산정권의 몰락 같은 전 세계의 격변을 실시간으로 전하고 있었다. 그 안에서 대한민국이 사회주의 국가들과 수교를 맺고 있다는 뉴스가 흘러나왔을 가능성도 크다. 물론 그 당시 세 살이었던 나는 화면에 등장하는 한글 자막도 세계 지도도 알아볼 줄 몰랐겠지만, 지금 돌이켜보면 그 장면들은 모두 내가 겪은 시대의 단면이었다.

나는 유치원도 다니기 전의 아이였고 영어도 한국어도 제대로 하지 못했다. 나는 정치와 외교라는 단어의 뜻조차 몰랐지만 그 시대는 나에게 많은 영향을 주었다. 아버지는 날마다 새벽같이 연구실에 나가 공부했고 어머니는 낯선 땅에서 내 기저귀를 갈며 하루하루를 버텼다. 그 와중에 나는 미국이라는 나라가 제공한 풍요와 자유, 그리고 동시에 한국이라는 나라가 경험하던 변화와 개방을 교차된 구조 속에서 흡수하고 있었다.

그 시절 나는 매년 변화하는 미국의 사계절을 처음 겪으며 자라났고, 한반도는 그 시간 동안 전혀 다른 계절의 외교를 맞이하고 있었다. 한소 수교, 남북 UN 가입, 한중 수교—이 모두는 먼 이야기 같지만, 그 순간들 속에서 대한민국은 국제사회 속에서 '하나의 정당한 국가'로 자리 잡아가고 있었다. 나는 그 과정을 외신 뉴스의 배경음처럼 무의식 중에 흡수하고 있었던 셈이다.

그렇게 내가 외국인의 삶을 처음 경험하고 있을 무렵, 한국은 '반공국가'에서 '교차로의 국가'로, 그리고 '냉전의 최전선'에서 '신흥 경제 외교국가'로 천천히 위치를 이동하고 있었다. 북방정책은 단순한 외교 정책이 아니었다. 그것은 대한민국이 '분단국가'라는 낙인을 넘어 자기 목소리를 낼 수 있는 외교 주체로 거듭나겠다는 선언이었고, 지금의 대한민국 외교·경제 노선의 시원을 형성한 결정적 시기였다. 그리고 나는 그 중요한 변곡점을, 비록 기억하지는 못했지만, 그 시공간 안에서 함께 살아냈다.

○
4

해외,
첫 이주의 기억

`#6공` `#문민정부`   1992년 6월, 4세

나는 외국인으로서의 첫 기억을 가지고 있다. 그것은 단순히 '외국 땅에 있었다'는 사실이 아니라 낯섦과 이질감이 동시에 선물처럼 다가왔던 감각의 기록이다. 아직 말도 제대로 하지 못하던 유아기였지만 나는 분명히 느꼈다. 낯선 냄새, 낯선 소리. 하늘은 유난히 푸르고, 잔디는 거침없이 넓게 펼쳐져 있었으며 주변 사람들은 모두 나보다 키가 훨씬 컸다. 그 풍경은 지금도 때때로 꿈처럼 떠오른다. 언어도 문화도 내 것이 아니었던 그 시절의 미국은 내게 세상이 꼭 내 중심으로 돌아가지는 않는다는 사실을 일찍이 알려준 장소였다.

당시의 나는 누군가의 손을 잡고 있었을 것이다. 아버지일 수도 있고, 어머니일 수도 있다. 어쩌면 어린 나에게는 손을 잡아주는 사람과 내가 속한 세상이 전부였을지도 모른다. 그러나 지금 생각해보면 그 '손을 잡은 채로' 경험한 세계는 내가 속한 정체성과 위치에 대해 아주 이른 나이에 질문을 던지게 만든 출발점이었다. 언어가 불편하고, 외모가 다르고, 이름조차 낯설게 발음되는 그곳에서 나는 세상의 중심이 아니라 변두리에서 시작했으며, 그것은 곧 경계인(境界人)으로서의 자각이 시작된 시간이기도 했다.

그 경험은 분명히 나를 구성하는 한 층위로 지금까지 이어져 있다. 단순히 '외국에 있었다'는 과거형이 아니라 어디에도 완전히 속하지 않았던 존재의 감각. 한국인이지만 한국이 아닌 곳에서 자라고, 한국말을 하면서도 영어를 배경음처럼 들으며 성장한 시간. 나의 기억 속 그 푸른 잔디밭은 지금도 나의 세계관 속 어딘가의 낯설고도 편안한 역설로 남아 있다.

1992년 여름, 아버지가 박사과정을 마치고 우리는 다시 한국으로 돌아왔다. 세 살의 내가 미국에서 보낸 약 3년의 시간을 어떻게 기억하고 있는지는 지금도 확실하지 않지만, 그곳에서의 시간은 나의 '감각적 어휘'를 구성하는 데 분명한 영향을 주었다. 우리는 귀국 후 부산에 자리를 잡았고 나는 처음으로 '한국 땅'에서의 삶을 시작하게 되었다.

부산은 뜨거운 도시였다. 바다의 소금기가 도시 전체를 감싸고 있었고, 사람들의 말소리는 빠르고 억세며, 표정은 익숙지 않은 정열로 가득 차 있었다. 외국에서 돌아온 내게는 모국어가 낯설고 거리의 간판들이 복잡하게 보이는 신기루 같은 시절이었다. 엄마는 시장에서 물건을 고를 때 억양을 조심해야 했고 나는 또래 아이들이 말하는 속도를 따라잡기 위해 귀를 바짝 세우곤 했다.

당시는 마침 문민정부의 출범을 앞둔 과도기였다. 6공화국의 마지막 해이자, 군복을 입지 않은 민간인 대통령이 최초로 등장할 가능성이 점쳐지던 시대. 전두환과 노태우로 이어지던 군정의 그림자가 서서히 걷히고 있었지만 그것은 어디까지나 뉴스의 세계에서 벌어지는 일이었다.

그 시절의 나는 여전히 정치에 대해 아무것도 몰랐다. TV 뉴스에 등장하는 대통령의 얼굴을 보며 "저 아저씨는 맨날 나오네."라고 생각하던 시절이었다. 아버지는 식사 중에 경제 이야기와 정권 이야기를 가끔 하셨지만 나는 밥을 다 먹고 나면 곧장 장난감을 꺼내들 생각뿐이었다. 그러나 지금에 와서 돌이켜 보면 나는 노태우 정권을 처음부터 끝까지 살아낸 최초의 세대 중 하나였다.

정치란 단어의 의미를 몰랐고 사회 구조에 대한 인식도 없었지만, 나는 그 시대의 리듬 속에서 처음 숨을 쉬고 걷고 자라기 시작했다. 나의 삶은 당시 대한민국이 만들어낸 구조 안에 조용히 놓여 있었고, 정부가 조성한 공기와 규율은 내 가정과 유년기의 감정 구조 속에 고스란히 스며들어 있었다.

나는 정치를 몰랐지만 시대를 느끼고 있었다. 나는 역사를 이해하지 못했지만 그 안에서 살고 있었다. 6공화국은 내 생애의 출발점이었고 그 정권이 남긴 족적은 내가 의식하든 하지 않든 내 기억의 지층 어딘가에 여전히 눌려 있다. 그리고 그것은 이후 내가 경험하게 될 모든 대한민국의 변화들을 이해하는 데 있어서 하나의 무언의 기초 감각이 되어주었다.

PART 2

문민정부 시대와
나의 유년

○
1

기억의 시작, 민주주의의 실험

`#하나회숙청`　`#금융실명제`　　　1993년 8월, 5세

    문민정부에 대한 나의 기억은 1994년부터 희미하게 시작된다. 그때 나는 유치원생이었고 인생에서 처음으로 '세상'이라는 추상적 개념을 감각적으로 받아들이기 시작하던 시기였다. 아버지가 미국에서 박사과정을 마치고 귀국하신 후 1993년부터 인천대학교에서 교수로 재직하게 되면서 우리 가족은 인천이라는 새로운 도시로 이사를 오게 되었다. 그 무렵 나는 유치원에 다니기 시작했고 집 밖의 풍경, 뉴스 속 장면, 길거리에서 오가는 말들, 신문 한쪽에 인쇄된 흑백 이미지들이 하나둘씩 '기억'이라는 이름으로 내 안에 축적되기 시작했다.

당시는 대한민국 정치사에서 매우 상징적인 시기였다. 1993년 2월 25일, 제14대 대통령으로 김영삼이 취임하면서 대한민국은 30여 년 만에 군복을 입지 않은 민간인 출신 대통령의 등장을 맞이하게 된다. 이른바 '문민정부'의 출범이었다. 이는 단순한 정권 교체가 아니라 1961년 5·16 군사쿠데타 이후 30여 년 가까이 지속되어 온 군정 체제를 정치 제도 안에서 실질적으로 청산한 첫 시도였다는 점에서 매우 역사적인 사건이었다.

물론 김영삼 대통령이 소속되어 있던 민주자유당(민자당)은 노태우 정권의 집권 여당이었던 민주정의당, 그리고 통일민주당, 신민주공화당 등 보수계 정당들의 연합체로 구성된 정당이었다. 말하자면 형식적 정권 교체라기보다는, 집권 세력 내부의 질서 개편이라는 해석도 가능한 구조였다. 하지만 군부 출신 대통령이 아닌, 정치적 생애를 야당에서 시작해 박정희 정권 시절 투옥까지 경험한 '야당 출신 대통령' 김영삼의 등장은 국민에게 분명 다른 차원의 기대와 감정을 심어주었다.

김영삼 정부는 출범 직후부터 강한 개혁 드라이브를 걸었다. 가장 상징적인 조치는 단연 하나회 해체였다. 하나회는 육사 11기 중심의 비공식 군부 내 사조직으로, 전두환과 노태우를 비롯해 군부 통치의 핵심 세력이기도 했다. 김영삼 대통령은 집권 직후, 군의 정치 개입을 원천적으로 차단하기 위한 조치로 하나회를 공식 해체했고 이로써 군부의 정치적 영향력은 상징적으로나 실질적으로나 큰 타격을 입게 되었다.

그 다음 조치는 더 충격적이었다. 1995년, 김영삼 정부는 5·18 광주 민주화운동과 관련해 전두환·노태우 두 전직 대통령을 전격적으로 구속했다. 이는 헌정사상 초유의 일이었으며 과거 권위주의 정권의 정점에 섰던 두 인물이 법의 심판대에 오른다는 사실은 국민에게 큰 충격이자 일종의 '정의 구현'으로 받아들여졌다. 나중에 알게 된 사실이지만 이 시기의 청문회 영상은 이후에도 수많은 시사 프로그램, 패러디, 교과서 속에 반복적으로 등장하게 되었고, 한국 사회의 정치적 트라우마와 그 치유 시도가 겹쳐지는 장면으로 회자된다.

또 하나 기억해야 할 대대적인 개혁은 1993년 8월 도입된 금융실명제였다. 이는 그동안 한국 사회를 지배해 온 차명거래, 정치자금, 불법 자산 형성을 제도적으로 차단하기 위한 조치였다. 그 이전까지는 기업인과 정치인들이 차명으로 부동산을 사고팔고 검은 돈을 비공식적으로 거래하던 것이 사회 전반의 관행처럼 굳어져 있었다. 그러나 실명제가 도입되면서 이 흐름에 큰 제동이 걸렸고 그 효과는 즉각적이었다. 전국의 금융시장과 자산시장은 큰 충격을 받았고 사회 전반에서 '정책의 힘'이라는 것을 체감하게 만들었다.

물론 당시 나는 이러한 정치·경제적 조치를 구체적으로 이해할 수 있는 나이는 아니었다. 그러나 세상이 흔들릴 때의 공기와 분위기, 그리고 그 속에서 부모님과 주변 어른들이 보였던 얼굴 표정은 기억에 남아 있다. 아버지는 신문을 보며 "이건 진짜 큰일이다."라고 말했고 어머니는 "이제 세상이 좀 바뀌려나."라는 말을 하셨다. 내가 타고 다니던 유치원버스에서 흘러나오던 라디오는 경제 이야기, 정치 이야기, 청문회 이야기로 가득했고 나는 그 소리들을 '낯설지만 진지한 어른들의 말'로 받아들이며 자랐다.

이처럼 문민정부는 내가 자각 없이 살기 시작한 시기의 배경이자 무대였다. 내가 직접 보고 들은 것은 아니지만 그 시대가 만들어낸 정서와 구조, 뉴스의 어조와 거리의 표정, 어른들의 말과 표정 속에 스며든 시대정신은 분명히 나의 성장에 영향을 주었다. 그 시절이 없었다면 나는 지금의 정치와 사회를 바라보는 눈을 다르게 가졌을지도 모른다.

  문민정부는 시작에 불과했다. 하지만 그 시작은 단순한 출발이 아니라 그간 눌려 있던 시대적 에너지가 바깥으로 분출되기 시작한 '진통의 시기'였고, 그 에너지는 내 유년의 정서에도 묻어 있었다. 나는 그 시대를 '이해하던 아이'는 아니었지만 그 시대 안에서 '자라고 있던 아이'였다.

2

성수대교 붕괴,
무거웠던 충격

#성수대교 #사고공화국 1994년 10월, 6세

 1994년 가을, 나는 유치원생이었다. 만 다섯 살이었고 글자도 제대로 못 읽던 시절이지만 이상하리만치 또렷이 남아 있는 장면이 하나 있다. 바로 성수대교 붕괴라는, 대한민국 현대사에서 결코 지워지지 않을 비극의 기억이다. 그날은 10월 21일 금요일이었다. 평소처럼 사람들이 출근을 서두르고 아이들이 등교를 준비하던 바쁜 아침 시간. 서울 성동구와 강남구를 잇는 성수대교의 한가운데가 갑자기 와르르 무너져 내렸다. 출근 중이던 시내버스 한 대가, 그 순간 붕괴된 다리 틈으로 그대로 추락했고, 여러 대의 차량이 함께 끌려 내려갔다. 그날 사고로 32명이 목숨을 잃었고 17명이 다쳤다. 사망자 중에는 고등학생도 직장인도 평범한 시민도 있었다.

   나는 그 현장을 직접 본 건 아니다. 하지만 신문 1면을 거의 다 채운 무너진 다리 사진, 텔레비전 속 구조 장면, 그리고 어른들의 무거운 한숨이 내 기억에 아주 선명하게 남아 있다. 당시 우리 집은 식탁 위에 매일 아침 신문을 펼쳐 두는 집이었고 그날도 예외는 아니었다. 아버지가 식사하면서 무심히 넘기던 그 흑백 인쇄 위에, 거대한 철골과 파편들이 비스듬히 매달려 있는 사진 한 장이 있었다. 나는 그 사진이 무서웠다. 다리가 부러졌다는 사실도 무서웠지만 그 다리 위에 사람이 있었다는 말이 나를 놀라게 했다.

   TV 뉴스에서는 연일 성수대교 사고를 특집처럼 다뤘다. 구조대가 철근 사이로 기어들어가고 강물 속에서 구조 작업을 벌이는 모습들이 반복해서 방송되었다. 기자들은 '참사', '비극', '정부의 책임' 같은 단어들을 쏟아냈다. 정확히는 몰랐지만 어린 나도 그 뉴스가 평소와는 다르게 무섭고 진지하며 슬픈 내용이라는 건 알 수 있었다. 아버지와 어머니도 그 뉴스 앞에서 말이 없었고 저녁 식사 시간엔 그날따라 텔레비전 볼륨이 낮아져 있었다.

당시 나는 '무엇이 무너졌는가'보다 '어떻게 사람들이 그 사고를 말하는가'에 더 깊은 인상을 받았다. 누구는 "저거는 부실 공사 탓이야."라고 말했고 또 누구는 "정말 나라 꼴이 왜 이러냐"고 불평했다. 어떤 어른은 "이게 다 정부가 방치해서 그런 거야."라고 말하는 것도 들었다. 그 말들의 의미는 정확히 몰랐지만 내 머릿속에는 하나의 문장이 깊이 각인되었다.

"정부가 잘못해서 다리가 무너졌대."

어린 나에게 '정부'란 존재는 텔레비전에 자주 나오는 아저씨, 혹은 대통령쯤으로 추상화되어 있었다. 그런데 그런 존재가 '무너뜨렸다'는 말은 너무나도 충격적으로 다가왔다. 세상이 그냥 굴러가는 게 아니구나, 사람들이 만든 구조물이, 그리고 그것을 관리하는 사람들이 잘못하면 진짜로 무언가가 무너질 수 있다는 사실을 나는 처음으로 깨달았던 것 같다.

성수대교는 그 자체로 단순한 교량이 아니었다. 그것은 1990년대 중반 김영삼 문민정부의 '행정 신뢰도'를 송두리째 흔든 상징적인 사건이었다. 국민들은 '문민정부'의 개혁과 투명성을 기대했지만 성수대교 붕괴는 정반대의 결과를 보여주었다. 조사 결과 사고의 원인은 용접 부위의 심각한 결함, 설계 오류, 정기

점검의 부실 등으로 드러났고 이는 총체적 인재(人災)라는 비판을 피할 수 없었다.

다리 하나가 무너진 것이 아니었다. 국민의 일상 속 신뢰가 붕괴된 순간이었다. 사람들은 이제 다리를 건널 때도, 백화점을 갈 때도, 지하철을 탈 때도 '혹시 여기도 무너질까.'라는 불안을 품게 되었다. 성수대교 사건은 단지 물리적인 붕괴가 아닌, 사회 시스템에 대한 대대적인 불신을 불러일으킨 계기였다.

유치원생이던 나는 그때 그 모든 것을 '사회'라고 불렀다. 누군가는 그걸 '행정 시스템', '공공안전', '도시 인프라'라고 설명했을지 모르지만 나에게는 '세상이 어떻게 굴러가는가'에 대한 첫 번째 현실 수업이었다. 성수대교 붕괴는 내 유년기에 갑작스레 끼어든 첫 번째 사회적 충격이었고 동시에 내가 '정부'라는 단어를 두려움과 함께 인식하게 된 시발점이었다.

그 이후로 나는 다리를 건널 때마다 잠깐 멈춰서 주변을 살펴보곤 했다. 콘크리트 틈 사이, 강철 기둥, 교각의 모양이 무언가 불완전하게 느껴졌고 내가 사는 이 세상이 완벽하게 안전하지는 않다는 불안을 내 안에 남겼다.

성수대교는 내게 물리적 붕괴 이전에 신뢰의 붕괴로 다가온 사건이었다. 그리고 그 기억은 이후 나의 세계 인식에 깊은 흔적을 남겼다. 무언가가 무너질 수 있다는 사실, 그리고 그것이 잘못된 선택과 부주의에서 비롯될 수 있다는 교훈은 아주 어린 시절부터 내 마음속에 무겁게 자리 잡았다.

○
3

국민학교에서
초등학교로

#초등학교 #오전오후반 1995년 3월, 7세

1995년 봄, 나는 국민학교 1학년에 입학했다. 그해의 3월은 내 인생에서 처음으로 '제도'라는 것을 체감한 계절이었다. 형광색 가방 고리와 이름표를 단 가방을 메고, 반듯한 교복 대신 티셔츠에 재킷을 걸치고 아침 일찍 집을 나섰던 그날, 나는 세상이라는 구조물에 한 걸음 더 발을 내디딘 느낌이었다.

내가 입학한 학교는 여전히 '국민학교'라는 이름을 달고 있었다. '국민학교'라는 용어는 1941년 일제강점기 말기에 '소학교'를 대체하는 이름으로 도입된 이후, 해방과 함께 잠시 사라졌지만 1950년대 초 다시 부활했다. 국민이라는 단어에는 사실상 국가 중심, 체제 중심 교육 이념이 스며 있었고, 냉전 시기의 반공교육, 체제충성적 교육과 맞물려 하나의 교육적 표상으로 기능했다.

하지만 1990년대 중반, 민주화가 진척되고 사회 전반의 '탈권위' 흐름이 확산되면서 교육 제도에서도 변화가 일어났다. 1995년 당시 교육부는 "더 이상 국가는 교육의 절대주체가 아니다."라는 관점에서 국민학교라는 명칭을 '초등학교'로 바꾸기로 결정했다. 그 결과 1996년 신학기부터 전국 모든 국민학교는 '초등학교'로 바뀌게 되었다.

그 무렵, 담임 선생님은 우리에게 이렇게 설명했다. "내년부터는 '국민학교'가 아니고 '초등학교'로 이름이 바뀌어요. 이제 민주주의 시대니까 학교 이름도 바뀌는 거예요." 그 말의 의미를 아이들 대부분은 이해하지 못했을 것이다. 나도 마찬가지였다. 하지만 어른들은 그 말을 꽤 진지하게 받아들였다. "이제는 나라 중심 말고, 아이 중심으로 간다 이거지." "초등학교가 맞지. 국민학교는 너무 시대착오야." 당시 인천의 우리 집에서도 그런 말이 오갔다. 시대가 바뀌고 있다는 걸 학교 이름 하나 바뀌는 것으로도 사람들은 감지하고 있었던 것이다.

입학 첫날, 우리 반 담임 선생님은 키가 크고 말수가 많지 않은 40대 남자 선생님이었다. 그분은 느긋한 목소리로 출석을 부르다 말고 갑자기 이렇게 말했다. "야, 이 밥통아." 잠시 정적이 흘렀고 이내 교실은 웃음바다가 되었다. 그것은 그 시절의 아이들 사이에서 일종의 유행어였다. 어른들이 보기엔 다소 거칠고 불쾌하게 들릴 수도 있었지만 90년대 초 중반 그러한 은어형 유머는 교실 문화의 일부였다.

그 한마디에 아이들은 배꼽을 잡았고 나는 낯선 환경 속에서 처음으로 웃으며 긴장을 풀었다. 지금 생각하면 교육적으로 부적절한 말일 수도 있겠지만, 당시에는 선생님과 학생 사이의 긴장을 유머로 풀던 일종의 시대적 언어 풍경이었다. 그것이 곧 1990년대 교실 문화였고 학교 안팎에서 권위와 친밀함 사이를 오가는 말의 방식이었다.

더욱 놀라운 건 반 인원 수였다. 우리 반에는 무려 78명 가까운 아이들이 있었다. 한 교실에 그렇게 많은 아이들이 들어차 있는 상황은 지금 기준으로는 상상할 수 없는 일이지만, 당시에는 오전반과 오후반으로 나뉘어 수업을 하는 2부제 수업이 일반적이었다. 나는 오후반이었고 출석번호는 51번이었다. 내가 생일이 늦은 편이어서 후반부에 배치되었는데 아이들은 서로 출석번호를 가지고 순위를 매기기도 했다.

　남학생 수가 유난히 많았고 체감상 5:3 정도로 남초였던 반의 분위기는 늘 왁자지껄했다. 나중에 알고 보니 이 시기의 남아 출생 비율은 실제로 여성보다 상당히 높았다. 1990년대 초반은 '성비 불균형'이 사회 문제로 대두되기 시작한 시점이었다. 당시 사회에는 '아들 선호' 정서가 여전히 남아 있었고 출산 성비가 116:100 이상을 기록한 해도 있었다. 우리 반의 남초 현상은 단순한 우연이 아니라 시대가 낳은 통계의 한 단면이기도 했던 셈이다.

　교실의 공기에는 분명 '전환기'의 분위기가 깃들어 있었다. 과거 권위적인 국민학교의 잔재와, 민주주의적 감수성이 요구되는 초등교육의 이상이 교차하는 시점. 이름은 아직 국민학교였지만 그 교실은 이미 초등학교로 가는 징검다리 위에 서 있었다. 나 역시 그 다리를 건너는 한 명의 학생이었다. 그 시절의 학교는 나에게 단지 '공부를 하는 공간'이 아니었다. 그것은 사회의 축소판이자 시대의 온도를 느끼는 장소였다. 국민학교라는 이름 아래에서 나는 초등학생이 되기 위한 준비를 하고 있었다.

대한민국 역시 군부의 그늘에서 벗어나 진짜 시민사회의 초입으로 걸어가고 있었다. 그렇게 1995년, 내 인생의 첫 번째 학교는 내 개인사와 한국 현대사가 교차하는 소중한 무대가 되어주었다.

○
4

삼풍백화점 붕괴,
공포를 가르치다

`#삼풍백화점 붕괴`   `#부실 공사`   1995년 6월, 7세

 1995년 여름, 나는 국민학교 1학년이었다. 여름방학이 가까워 오던 어느 날, 어른들의 표정이 이상하게 굳어 있는 것을 느꼈다. 뉴스에서는 며칠째 '현장 생중계'라는 자막이 떠 있었다. 텔레비전 화면은 뿌연 먼지와 콘크리트 파편, 비명과 사이렌 소리로 가득했다. 무너진 건물의 외벽 사이로 소방관과 구조대원들이 바삐 움직였고, 그 아래엔 구겨진 철근과 무너진 바닥 사이로 누군가를 찾는 사람들의 절박한 목소리가 흘렀다.

 그것이 바로 1995년 6월 29일 오후 5시 57분, 서울 서초구에 위치한 삼풍백화점이 붕괴된 사건이었다. 나는 그 현장을 직접

본 적도 없고, 무너지는 순간의 영상도 기억하지 못한다. 하지만 그 이후 며칠 간의 분위기, 집안의 공기, 뉴스에서 흘러나오던 소리들, 식사 자리에서 오가던 말들, 그리고 무엇보다 부모님의 얼굴에서 느껴진 어떤 불안감은 지금도 내 기억 속에 아주 생생하게 남아 있다.

삼풍백화점은 당시 서울 강남의 랜드마크 중 하나였다. 지상 5층, 지하 4층 규모의 대형 복합 쇼핑몰이었고 하루 평균 수만 명이 방문하던 공간이었다. 그런데 퇴근 시간 무렵, 아무런 전조도 없이 그 건물이 순식간에 주저앉았다. 마치 거대한 상자처럼 허물어졌고 그 안에 있던 1,500여 명 중 502명이 사망하고 937명이 부상을 입었다.

그것은 대한민국 건국 이후 최악의 단일 사고 사망자 수였고, 단순한 사고가 아닌 '인재(人災)'로 판명되면서 사회 전반에 엄청난 충격을 안겼다. 그해 여름, 삼풍백화점 붕괴는 단지 '뉴스거리'가 아니었다. 그것은 대한민국의 시민들에게 일상에 대한 공포 교육을 안겨준 사건이었다. 사람들은 더 이상 '백화점'이라는 공간을 안전하다고 믿을 수 없었다. 거대한 건물도, 반듯한 외벽도, 화려한 간판도 그 안의 부실함을 가릴 수 없다는 사실을 모두가 뼈저리게 체감했다.

아이였던 나 역시 그 공포를 또렷하게 기억한다. 그전까지 나에게 '건물'은 단단하고 안전한 것이었다. 비가 와도 바람이 불어도 나를 지켜주는 울타리처럼 느껴지던 구조물이었다. 그런데 뉴스에서 보는 삼풍백화점은 순식간에 폭삭 주저앉은 폐허였다. 사람들은 그 안에 갇혔고, 부모는 자식을 찾고 형은 동생을 부르며 눈물을 흘렸다.

나는 무너진 철골 사이로 간신히 구조된 어떤 아줌마의 울부짖음을 보았고, '사람이 이렇게 될 수도 있구나.'라는 감당하기 어려운 감각을 처음 배웠다. 이후 나는 높은 건물에 갈 때면 '혹시 여기 무너지면 어떡하지?'라는 생각을 하게 되었고, 엘리베이터를 탈 때도 '지금 멈추면 갇히는 걸까' 하는 상상을 하게 되었다.

학교에서도 선생님은 안전에 대해 이야기하셨다. "건물에 이상이 있을 때는 빨리 나가야 한다.", "균열이 보이면 그쪽으로 가지 말 것.", "지진이 나면 책상 밑으로 숨을 것." 그때 나는 비로소 알게 되었다. 세상은 언제나 안전하지 않다는 것, 그리고 그 불안은 어른들조차 완전히 통제할 수 없다는 것.

나의 공포는 막연한 감정이 아니라 학습된 감각이었다. 삼풍백화점 사건은 단순히 '무너진 백화점'이 아니라, 내 유년기 세계관에 균열을 만들어준 첫 번째 사회적 트라우마였다고 말해도 과언이 아니다. 그리고 그것은 그 시절의 대한민국 모두에게도 마찬가지였다.

사고 원인이 부실 시공, 무리한 설계 변경, 비전문가의 무리한 증축 등 복합적인 '탐욕과 방임'의 결과였다는 사실이 알려지면서, 사람들은 사고의 원인을 개인이 아닌 사회 구조적 문제로 바라보기 시작했다. 신문은 '관피아(관료+마피아)'의 책임을 물었고, 기업인과 건축 관련 공무원들의 유착 관계가 수면 위로 드러났다.

그것은 단지 건물 하나가 무너진 사건이 아니었다. 90년대 중반 대한민국이 감당해야 했던 구조적 부패, 권력의 무능, 자본의 무책임이 만들어낸 인재였다. 그리고 나는, 그 폐허 위에 퍼졌던 슬픔의 그림자를 유년의 기억으로 안고 자랐다.

이제는 너무 오래된 이야기 같지만, 그날 이후 나는 철근과 콘크리트를 대하는 태도, 공간의 안전을 감지하는 감각, 그리고 시스템을 의심하는 능력을 아주 일찍 갖게 되었다. 삼풍백화점 붕괴는 내게 건축학도, 시민, 유권자, 그리고 인간으로서의 책임감이 무엇인가를 가르쳐준 첫 번째 '비공식 수업'이었다. 그리고 그 수업은, 단 하루 만에 전국민에게 공포라는 교과서로 배포된, 참으로 잔혹한 교훈이었다.

○
5

검도도장과 전두환, '갈긴다'

1996년 6월, 8세

1996년, 나는 국민학교에서 초등학교 2학년이 되었고 그해부터 동네 검도도장에 다니기 시작했다. 부모님은 활발한 성격을 길러보라며 내 손에 죽도를 쥐어 주셨다. 나는 검은 도복을 입고 매일 방과 후면 검도도장에 발을 들이기 시작했다. 그곳은 단순히 체력을 기르기 위한 공간만은 아니었다. 내게는 처음으로 '가족 이외의 어른'에게 훈육을 받고 다양한 또래들과 집단 속 역할을 배우는, 일종의 사회 예비학교 같은 공간이었다.

검도도장의 원장님은 체구가 작지만 목소리가 유난히 크고 매사에 단호한 성격의 중년 남성이었다. 항상 "기합이 부족하다!", "예의가 반이다!"라고 소리치며 우리에게 '정신력'을 강조하셨다. 훈련 중에는 호흡보다 더 큰 소리로 외치는 '메~엔!'이라는 기합이 도장 안에 울려 퍼졌다. 도복 위로 흐르는 땀과 죽도끼리 부딪히는 소리가 반복되면서 어느새 그 공간은 내 일상의 또 다른 학교가 되었다.

그런데 이 학원에서는 가끔, 아주 가끔 '이상한 대화'들이 오갔다. 원장님은 아이들과 쉬는 시간에 '역사 이야기'를 섞어 던지곤 했다. 우리가 그 말을 얼마나 이해했는지는 중요하지 않았다. 오히려 중요한 것은 그 이야기를 던졌다는 사실 자체가 그 시대의 공기를 증명하고 있었다는 점이다.

어느 날이었다. 친구 하나가 물었다. "원장님, 12·12는 뭐예요?" 또 다른 아이가 덧붙였다. "5·18은요? 왜 다들 무섭대요?" 원장님은 잠시 침묵하더니 이렇게 말했다. "그거? 전두환이 갈긴 거야." 그 말에 아이들은 킥킥 웃었다. '갈긴다'는 말이 당시 또래들 사이에서 유행하던 속어였기 때문이다. 폭력을 상징하는 표현이었지만 우리는 그 단어를 진지하게 받아들이지 않았다. 그것은 오히려 이해 불가능한 사건을 웃음으로 중화시키는 유년의 방어기제에 가까웠다. 그날 이후, 나는 '12·12'와 '5·18'이라는 숫자에 막연한 두려움을 갖게 되었다. 그게 무섭다는 건 알겠는데, 왜 무서운지 알지 못하는 상태. 그것이야 말로 그 시절 우리가 가졌던 역사 인식의 가장 솔직한 단면이었다.

지금 돌이켜 보면, 그 원장님의 말은 당연히 정확한 역사 서술이 아니었다. 과장된 표현이었고 일부 왜곡도 섞여 있었지만, 그 말이 존재할 수 있었던 시대적 배경은 분명히 있었다. 김영삼 정부는 1993년 출범 이후 과거 청산을 주요 국정과제로 삼았다. 그 연장선에서 전두환과 노태우 두 전직 대통령을 구속했고, 광주민주화운동 진상규명 청문회를 개최했다. 1995년 5월과 10월에 열린 국회 청문회는 전국민적 관심을 받았다. 특히 5·18 광주에 대한 국가 차원의 진실 규명 시도는 한국 사회의 도덕성과 민주주의를 회복하려는 중대한 정치적 계기였다.

하지만 그런 거대한 역사 서사는 아이들에겐 너무 멀었다. 우리에게 역사는 뉴스가 아니라 이야기였고, 교과서가 아니라 소문이었다. 그렇기 때문에 12·12와 5·18은 "전두환이 갈긴 사건"이라는 한마디로 요약되었고, 그 속에 담긴 수많은 생명과 고통, 투쟁과 책임은 아직 우리가 감당할 수 있는 이해의 바깥에 있었다.

  그럼에도 그 말은 내 안에 강하게 남았다. 왜냐하면, 그것이 우리 교실이 아닌 검도도장에서 들은 역사였기 때문이다. '놀이 공간'이었던 검도도장에서조차 전두환의 이름과 5·18의 숫자가 등장한다는 사실은, 1980년대의 기억이 1990년대 중반의 공간에서도 완전히 사라지지 않았음을 보여주었다. 말하자면 1980년대는 여전히 1990년대의 그림자 속에 살아 있었다. 문민정부가 출범했어도, 민주화가 일정 부분 제도화되었어도, 과거는 쉽게 청산되지 않았다. 아이들의 일상과 대화 속에까지 스며든 전두환의 이름과 광주의 기억은, 한국 사회가 과거를 지우지 않고 '살아가는 방식' 그 자체였다. 나는 그 시절, 그 말을 이해하지 못하면서도 그 무게를 느꼈다. 그것은 이해 이전의 감각, 언어 이전의 기억이었다. 김영삼 정부가 과거와의 단절을 시도하고 있었고 언론과 교과서는 그것을 설명하고 있었지만, 정작 우리의 생활 속에는 아직도 1980년대의 기운이 퇴적물처럼 쌓여 있었다.

그 시절의 검도도장은 내게 신체의 균형을 배우는 곳이기도 했지만, 시대의 흔적을 무의식 속에 체화하는 장소이기도 했다. 나는 그곳에서 '정치'를 배우지 않았지만 '권력'의 이름을 들었고 '폭력'의 무서움을 웃음으로 감싸는 법을 배웠다. 그리고 그것은 지금도 내 기억 어딘가에서, 죽도 끝에서 튀던 땀방울처럼 선명하게 남아 있다.

6

IMF 전야,
유년의 경제 공포

      1997년 11월, 9세

　1997년, 나는 초등학교 3학년이었다. 학교생활이 익숙해지고, 받아쓰기보다는 받아 적기라는 말이 어울릴 정도로 세상에 대한 이해의 폭이 조금씩 넓어지던 시절이었다. 하지만 그해는 어른들의 표정부터 달라졌다. 평소에 뉴스보다 드라마를 더 좋아하던 아버지가 매일 저녁 9시만 되면 KBS 뉴스를 꼼꼼히 챙겨보기 시작했고, 어머니는 냉장고 문을 열고는 "오늘은 장 안 봐도 되겠지?"라고 혼잣말을 하곤 했다. 나는 그런 변화가 무엇 때문인지 정확히 알 수 없었지만, 집안의 공기가 이상하리만치 가라앉아 있었다.

1997년은 대한민국 경제에 있어 돌이킬 수 없는 균열이 시작된 해였다. 수년간 축적되던 구조적 문제—과잉투자, 대기업 부도, 단기 외채 누적—가 한꺼번에 터졌고, 결국 11월 21일, 대한민국 정부는 국제통화기금(IMF)에 구제금융을 공식 요청했다. 이는 국가 차원의 사실상 '경제 파산' 선언이었다. 갑작스레 급등한 환율, 동반 도산하는 기업들, 줄지어 해고되는 직장인들. 한강의 기적이라 불리던 압축성장의 후유증이 정점을 찍은 순간이었다.

물론 나는 그 당시 '환율'이라는 단어의 뜻조차 몰랐다. 하지만 그 여파는 어린이의 눈에도 분명히 보이는 현실이었다. 점심시간, 급식이 끝난 후 친구들이 도시락 반찬을 서로 비교하던 장면이 있었다. 그날 따라 한 친구가 플라스틱 스티로폼 통에 싸온 도시락을 들고 있었는데 다른 반 친구가 그걸 보고 이렇게 말했다. "쟤네 아빠 실업자래. 그래서 도시락 통이 아니라 저래." 그 말에 도시락 주인인 친구는 얼굴이 붉어지며 화를 냈고 둘은 책상 위에 도시락이 엎어질 만큼 격하게 몸싸움을 벌였다. 선생님이 달려와 말리고 교실은 잠시 술렁였다. 나는 그 장면을 멍하니 바라보며 생애 처음으로 '실업자'라는 단어가 창피하고 두려운 것이라는 사실을 배웠다.

집에서도 분위기는 다르지 않았다. 어머니는 마트에서 한참을 서성이다 아무것도 사지 않고 돌아오시기도 했고, 용돈은 "요즘은 좀 아껴야 해."라는 말과 함께 자연스럽게 줄어들었다. 아버지는 퇴근 후 거실에서 아무 말 없이 신문만 넘겼고 저녁 식사 시간엔 "IMF 때문에 그런 거야."라는 말이 자주 들렸다.

심지어 TV 광고에서도 위기의 징후는 스며 있었다. 한때는 건강음료나 전자제품 광고가 주를 이루던 황금시간대에, 이제는 "금 모으기 운동에 동참합시다."라는 공익광고가 연일 방송되었다. 전국민이 금반지를 내고 결혼 예물까지도 기꺼이 헌납하는 장면은 어린 나에게 매우 낯설고도 경외스러운 풍경이었다. 나는 '돈'이라는 단어가 단순히 사고파는 수단이 아니라, 가족의 분위기를 결정짓는 무게 중심이라는 사실을 처음으로 체감했다.

그 와중에도 우리는 학교에 갔다. 배운 것은 분수였지만 느낀 것은 분절된 세상의 균열이었다. 짝꿍이었던 친구는 당시 대통령 이름을 재미 삼아 이렇게 말하곤 했다. "김영삼은 03

번이야." 아이들은 "야! 영삼이 아저씨~" 하며 웃었다. 누군가는 "그래서 경제도 03점이야."라고 덧붙이며 장난쳤다. 교과서에 적힌 공식보다, 친구들의 이런 말들이 사회에 대한 최초의 정치 교육이었는지도 모른다.

그해 말, 대선이 다가왔다. 거리에는 후보들의 포스터가 붙고 집집마다 벽보와 현수막이 나부꼈다. 그 중에서도 내 귀에 가장 강렬하게 남은 건, 어느 날 TV에서 흘러나온 노래였다. "DJ로 만들어 봐요! DJ!" DJ DOC가 만든 김대중 후보의 선거송이었다. 나는 그 노래가 유난히 신나고 흥겨워서 한동안 흥얼거렸다. 당시 선거의 의미나 정당의 노선 같은 건 알지 못했지만, 그 선율은 마치 어떤 커다란 변화가 다가오고 있다는 신호처럼 느껴졌다. 아버지는 "이번엔 정말 바뀔 것 같아."라고 중얼거렸고, 어머니는 "그래야지, 그래야지."라고 대꾸했다.

그해 12월 18일, 대한민국은 김대중이라는 새로운 이름을 선택했다. 1950년대부터 정치에 몸담아온 야당 지도자, 수차례 죽음의 위기를 넘긴 인물, 그리고 처음으로 수평적 정권교체를 이뤄낸 대통령이 바로 그였다. 나는 그저 흥겨운 선거 송을 따라 불렀을 뿐이었지만, 그 노래는 하나의 시대가 저물고 또 다른 시대가 시작되는 배경음악이었음을, 시간이 흐른 뒤에야 알게 되었다.

PART 3

국민의
정부의 기억

○
1

IMF를 넘어서, 모두 새로운 시작

#금모으기 운동   #월드컵분위기   1998년 8월, 10세

1998년은 단순히 숫자 네 자리가 아니라, 나에게는 인생 첫 번째 '단절'과 '재시작'이 겹친 해였다. 김대중 대통령의 취임과 함께 대한민국은 전례 없는 변화의 시기를 맞았고, 나 역시 초등학교 4학년이라는 나이에 그 변화의 공기 속을 살아내고 있었다. 물론 나는 그 당시 '정권 교체'나 '경제 위기'라는 개념을 완전히 이해하진 못했다. 그러나 세상의 리듬이 확실히 달라졌다는 감각만은 분명하게 체험하고 있었다.

김대중 대통령은 1997년 말, 외환위기의 소용돌이 속에서 당선되었다. 그의 당선은 정치사적으로도 굉장히 상징적인 사건이었다. 한국 역사상 최초로 평화적인 정권 교체가 이루어진 것이자, 수차례 정치적 탄압과 암살 위기를 견뎌낸 인물이 대통령이 된, 극적인 반전의 드라마였다. 하지만 감동은 잠시였고 그가 맞닥뜨린 현실은 냉혹했다. IMF 외환위기로 한국 경제는 거의 붕괴 직전이었다. 실업자는 연일 늘어나고 있었고 수많은 기업들이 문을 닫고 있었다.

그 변화는 단순히 뉴스 속에만 머물지 않았다. 사회 전체가 일종의 재건 모드에 돌입한 느낌이었다. 금 모으기 운동이 벌어졌고, 거리에는 '이겨내자 IMF'라는 문구가 붙었다. 어른들은 절약을 말했고 광고에서는 결혼 예물까지 반납하라는 메시지를 냈다. 아이였던 나도 그 분위기를 느낄 수 있었다. 어느 날, 어머니는 집안에 있던 작은 금반지를 하나 꺼내면서 "이것도 내야겠지."라고 말하셨다. 그 목소리에는 단순한 헌납을 넘어 가족과 나라 사이의 연결이 느껴졌다. 그 순간 나는 처음으로 '가정'과 '국가'가 전혀 무관하지 않다는 사실을 어렴풋이 받아들였다.

그해는 나에게도 특별한 전환점이었다. 나는 4학년 1학기를 마치고 생애 첫 이사를 경험했다. 오랫동안 정든 학교와 친구들을 떠나, 전혀 모르는 동네로, 전혀 모르는 반으로 옮겨 갔다. 처음으로 교실 문을 열고 들어선 날, 나는 수십 개의 시선이 내 얼굴을 훑는 걸 느꼈다. "쟤 전학생이래."라는 속삭임, "이름이 뭐야?" "어디서 왔어?" 같은 질문, 그리고 대답하기도 전에 무언의 분류가 시작되는 느낌. 그것은 처음 경험하는 낯섦의 감각, '이방인'이 된다는 것의 정서적 무게였다.

나는 그때 알았다. 무리의 경계선은 생각보다 쉽게 그어지고 소외는 말없이 시작된다는 것. 함께 웃고 떠들며 친해지기까지는 시간이 필요했고, 나는 그 시간 속에서 스스로를 관찰하며 조심스러운 태도를 익혀야 했다. 새 교실에서 나는 조용했고 웃을 일이 적었다. 그리고 그 외로움은 이상하게도, 어른들이 겪고 있는 사회적 위기와 어딘가 닮아 있었다. 한 나라가 갑자기 무대에서 중심을 잃고 다시 제자리를 찾으려 애쓰는 모습은, 이사 온 아이가 교실에서 자기 자리를 찾기까지의 과정과 비슷해 보였다.

하지만 그해의 공기는 절망뿐만은 아니었다. 동시에 희망의 상징도 있었다. 바로 2002년 FIFA 월드컵이었다. 1996년에 확정된 월드컵 공동 개최 소식은 1998년에 들어서며 서서히 전국에 퍼지기 시작했다. 물론 우리는 월드컵이 정확히 무엇을 의미하는지는 몰랐지만, "우리나라가 월드컵을 연대!"라는 말에는 설명하기 어려운 흥분과 자부심이 담겨 있었다.

아이들 사이에서 '2002'는 단순한 숫자가 아니었다. 우리는 교실에서 손가락 두 개를 머리 위로 올리며 "이천이~!"를 외쳤고 운동장 곳곳의 낙서에 그 숫자가 새겨졌다. 누군가는 '붉은 악마'라는 말을 처음 가져왔고, 어떤 반은 학급 이름을 '태극전사'로 정하기도 했다. 그 열정은 마치 국가가 나락에 빠져 있는 현실을 잠시 잊게 해주는 마법 같았고 미래를 기대하게 만드는 상징적 장난이었다.

그 시기 한국 사회는 위기의 터널을 지나면서도 멈추지 않고 움직이고 있었다. 경제는 재편되고 있었고, 기술은 눈부시게 발전하고 있었으며, 문화는 새롭게 태동하고 있었다. 사람들은 절약하면서도 동시에 다음을 준비하고 있었다. 그것은 회복을 향한 본능이자 살아 있으려는 공동체의 저항처럼 느껴졌다. 그리고 나 역시 그 흐름에 조용히 합류하고 있었다. 소외와 회복, 긴장과 희망이 교차하는 시간 속에서 나는 처음으로 '사회적 존재'로서 나를 느끼기 시작했다. 말하자면, 1998

년은 한 국가와 한 아이가 동시에 재시작을 배운 해였다. 경제 위기 속에서 공동체는 신뢰와 책임을 되새겼고, 새 교실 속에서 나는 용기와 적응을 배워 나갔다. 그해의 기억은 지금도 또렷하다. 위기의 터널 속에서도 우리는 함께 손가락 두 개를 들어 올리며 '이천이~!'를 외쳤다. 그것은 단지 놀이가 아니었다. 그것은 우리가 살아남겠다는 선언이자, 다시 웃기 위한 예행연습이었다.

02

디지털과 드라마,
꿈을 결정하다

`#허준` `#스타크래프트` 1999년 11월, 11세

1990년대 말, 세상은 확실히 달라지고 있었다. '정보화 사회'라는 말은 학교에서도, 뉴스에서도, 심지어 유행어처럼 일상 대화 속에서도 자주 들리던 단어였다. 인터넷이라는 새로운 문명이 한국 사회의 모든 구석을 파고들기 시작했고, 컴퓨터는 더 이상 사무실이나 과학실에만 놓인 특수한 기계가 아니었다. 컴퓨터는 '가정의 가전제품'이 되었고 동시에 아이들의 '세계 진입 창구'로 기능하고 있었다.

바로 그 시기, 나는 컴퓨터와 사랑에 빠졌다. 처음엔 단순히 게임 때문이었다. 친구 집에서 처음 본 <스타크래프트>의 화

면은 지금도 잊을 수 없다. 화면을 가득 메운 외계 종족, 쉴 새 없이 움직이는 유닛들, 그리고 그 모든 것을 마우스로 조종할 수 있다는 사실은 마치 신이 된 듯한 착각을 주는 경험이었다.

처음 접속한 PC방은 마치 다른 세계 같았다. 희미한 형광등 불빛, 키보드 소리, 친구들의 웃음과 욕설이 교차하던 그 공간은, 현실에서는 느낄 수 없는 통제감과 확장감을 동시에 제공했다. 그 후 나는 '게임'을 단순한 놀이가 아니라 하나의 세계, 혹은 또 다른 언어처럼 받아들이기 시작했다.

당연히 집에서도 컴퓨터가 필요했다. 우리 집에도 드디어 데스크톱 한 대가 들여졌고 나는 자연스럽게 그 앞에 앉아 하루의 대부분을 보내게 되었다. 게임은 곧 정보로 이어졌다. 공략을 더 잘하려면 잡지를 사야 했고, 잡지를 사면 CD 부록이 따라왔으며, 그 안에는 체험판 게임, 유틸리티 프로그램, 인터넷 서핑 꿀 팁까지 들어 있었다. 나는 점점 더 많은 것을 읽고, 더 많이 다운로드하고, 더 오래 클릭했다. 그렇게 한때 내 책상 위에는 <게임 피아>, <PC파워진>, <게임챔프> 같은 잡지가 수북이 쌓였고 나는 스스로에게 말했다. "나중에 커서 IT 전문가가 될래."

놀랍게도, 그 말은 단순한 농담이나 유행어가 아니었다. 그 시절의 한국 사회는 실제로 전 국민 정보화 프로젝트를 실행 중이었다. 김대중 정부는 '정보화 사회 진입'을 국가 비전으로 제시했다. 초고속 인터넷망을 전국적으로 구축했으며 전국 초·중·고등학교에 컴퓨터실을 설치하고 정보 교육을 의무화했다.

초등학교 교실 뒤편에 마련된 조그만 컴퓨터실은 아직 인터넷이 느리고 모뎀 소리가 요란했지만, 그 안에서는 미래가 움직이고 있었다. 선생님들은 워드와 한글을 가르쳤고, 아이들은 타자 연습 프로그램인 '한컴타자'로 자신의 속도를 겨루었다. 컴퓨터를 잘하는 친구는 영웅 대접을 받았고 나는 그 무리에 끼기 위해 부지런히 연습했다.

하지만 그 사랑은 부모님에게는 불안으로 보였다. 게임 중독이라는 말이 언론에 나오기 시작했고 '컴퓨터 폐인'이라는 표현이 부모들 사이에서 공포처럼 떠돌았다. 결국 나는 어느 날, 단전호흡 학원에 등록되었다. 그곳에서는 호흡을 고르게 하고 마음을 가라앉히는, 게임의 자극을 대신할 수 있는 '집중력 훈련'을 시킨다고 했다.

아이러니하게도, 나는 단전호흡을 하면서도 컴퓨터에 대한

흥미를 잃지 않았다. 아니, 오히려 그 체험은 내게 더 분명한 확신을 심어주었다. 컴퓨터는 단지 게임의 도구가 아니라, 나의 세계를 열어주는 플랫폼이자 직업일 수도 있겠다는 생각. 그 시절 나는 디지털이라는 언어를 처음 익혀가는 세대였고, 그 언어는 나를 세상과 연결시키는 창이 되었다. 그런가 하면, 집 거실에서는 또 다른 '창'이 열려 있었다. 바로 텔레비전이다.

1999년 가을, MBC에서 시작한 드라마 <허준>은 우리 가족의 저녁 풍경을 완전히 바꿔 놓았다. 매일 저녁 9시, 어머니는 밥상을 정리하고 리모컨을 손에 쥐었고, 아버지는 신문을 반쯤 든 채 넘기면서 화면을 바라보았다. 나도 자연스럽게 그 곁에 앉아 드라마를 함께 보기 시작했다. 침을 놓고 사람을 살리는 장면, 가난한 의생이 차츰 의술을 인정받는 이야기, 병보다 마음이 더 중요하다고 말하던 대사 하나하나가 어린 내게도 강한 인상을 남겼다.

"마음이 병을 만든다." 그 말은 어쩌면 게임보다 더 현실적이고 컴퓨터보다 더 따뜻하게 다가왔다. 그때부터 한동안 나의 꿈은 한의사였다. 허준처럼 사람을 살리는 사람. 의서를 베껴 쓰고, 환자를 정성껏 살피며, 도포 자락을 날리는 모습은 초등학생이던 내게 지혜와 존경의 상징이었다.

학교에서 꿈 발표 시간에 나는 망설이지 않고 말했다. "저는 커서 허준처럼 사람을 고치는 한의사가 되고 싶습니다." 교실은 조용했고, 선생님은 고개를 끄덕이며 미소 지었다. 친구들도 "오~" 하며 환호했고, 나는 순간 스스로가 대단해진 것 같았다.

지금 와서 생각해보면 그 시절의 꿈은 현실에 대한 이해가 아니라 콘텐츠에 대한 몰입이 만들어낸 '서사적 직업관'이었다. 그리고 그것은 전혀 부끄러운 일이 아니다. 왜냐하면 당시 텔레비전 드라마, 게임, 잡지, 컴퓨터 교육 등은 모두 우리가 살아가는 문화의 언어이자, 꿈의 재료였기 때문이다.

정보화 정책이 사회를 바꾸고 드라마가 진로를 바꾸던 시절. 나는 두 개의 창—하나는 모니터, 하나는 텔레비전—을 통해 세상을 배웠다. 그리고 그 창은 나의 어린 시절을 통과하며, 디지털과 인간, 기술과 윤리, 기계와 마음 사이를 오가는 감수성을 만들어주었다. 그 시절을 살아낸 우리는, 단순히 '게임을 좋아했던 세대'가 아니다. 우리는 디지털 문명의 도래와 대중문화의 황금기를 동시에 목격하고, 그것을 삶의 언어로 바꾸기 시작한 첫 번째 세대였다.

○
3

이해찬 1세대,
교육 개혁의 시험대

`#이해찬 1세대`   `#수능 개편`   2001년 6월, 13세

2001년, 나는 중학교에 입학했다. 교복을 입고 처음 등교하던 아침, 바싹 마른 긴장감이 교문 앞에 서 있던 또래들의 얼굴에 드리워져 있었다. 교실 안으로 들어가니 초등학교 때와는 전혀 다른 공기가 느껴졌다. 책상은 더 단정했고 선생님들은 더 엄격해 보였으며 친구들은 묘하게 말수가 적었다. 무언가 새로운 궤도에 올라선 느낌. 말하자면, '진짜 학교'가 시작된 것 같은 감각이었다.

그 감각을 구체화한 건 선생님들의 말이었다. 수업 첫 시간, 여러 명의 선생님이 우리에게 공통적으로 강조한 말이 있었

다. "너희는 이해찬 1세대야." 처음엔 그게 무슨 말인지 몰랐다. 우리는 그저 작년까지 초등학생이었던 아이들이었고 중학교라는 새 공간에서 아직 이름도 못 외운 반 친구들과 어색한 웃음을 나누는 중이었다. 그런데 선생님들은 마치 국가 실험의 첫 대상자에게 하는 듯한 말투로 우리에게 반복해서 그 말을 던졌다.

"너희부터 수능 제도가 바뀔 거야." "내신이 훨씬 중요해질 거야." "수준별 수업을 도입할 거니까, 스스로 공부 습관을 잘 만들어야 한다." 어리둥절했다. 우리는 바란 적이 없었다. 제도가 바뀌기를 요구한 적도, 시험방식이 개편되기를 원한 적도 없었다. 그런데 어른들이 정한 변화의 무게가 갑자기 우리 세대의 어깨에 얹혔다.

이해찬 당시 교육부장관은 참여정부 출범을 앞둔 2000년대 초, 입시 중심 교육의 폐해를 완화하기 위해 굵직한 교육 개혁을 밀어붙였다. 핵심은 수능 방식 개편, 절대평가 도입, 수준별 이동수업 확대, 내신 중심 학교 평가 강화였다. 말하자면, 그동안 '외워서 찍는 시험'으로 축소된 학습을 좀 더 창의적이고 균형 잡힌 방향으로 옮겨가겠다는 의도였다.

그러나 그 변화는 정책의 이상과 현장의 체감 사이의 간극을 여실히 드러내는 실험이었다. 교사들도 당황했고 학부모들은 불안해했으며 학생들—특히 우리 세대—은 그 실험의 맨 앞줄에 서야 했다. 그때의 나는 여전히 철없고 친구들과 농담을 주고받으며 도시락 반찬을 비교하던 나이였지만 한 가지는 알 수 있었다.

 '이건 뭔가 우리부터 달라지는 거구나.' 이해찬 1세대라는 말은 우리 세대에 대한 기대이자 압박, 기회이자 부담, 개혁이자 모험이었다. 우리는 아무것도 선택하지 않지만 선택된 세대가 되어 있었다. 학교는 실험실이 되었고 교실은 실험대가 되었으며 학생은 시험관 안에 담긴 표본이 된 듯한 기분이었다.

 특히 수준별 이동수업은 처음 접하는 낯선 체계였다. 국어나 수학 시간에 반 전체가 아닌 수준별로 나뉘어 수업을 듣는 경험은, 평등하게 함께 배우는 것이 당연하다고 여겼던 우리에게 혼란을 주었다. 누가 높은 반이고 누가 낮은 반인지 은근히 비교하는 분위기가 생겨났고, '열심히 하면 올라간다'는 말은 곧 '못하면 떨어진다'는 위협으로 작용했다.

 그 시기의 나는 느꼈다. 공부는 단지 성적을 내는 것이 아니라 정책 변화의 수용자이자 사회 실험의 일원이 되는 행위가 되어가고 있었다. 학교는 더 이상 단순한 학습 공간이 아니라 국가의 방향성과 미래를 실현하기 위한 '작은 사회의 모델'이었던 것이다. 우리는 어른들의 말에 고개를 끄덕이면서도 속으로는 어리둥절했다. "왜 우리부터 바뀌어야 하는 거지?" 그 질문은 누구도 대답해주지 않았다. 대신 반복되는 말만 있었다. "너희는 이해찬 1세대야. 잘 해봐." 그 말은 마치 누군가가 미리 짜놓은 궤도에 우리가 수긍 없이 오르기를 바라는 일방적인 명령 같았다. '개혁'이라는 이름이 항상 이상적인 건 아니다. 개혁은 방향이 아니라 과정과 설계, 그리고 사람의 체감 속에서 진정한 의미를 갖는다.

그 시절, 나는 교육이라는 제도가 한 개인의 정체성 형성과 감정, 그리고 삶의 태도에까지 얼마나 깊이 영향을 미치는지를 어렴풋하게 이해하기 시작했다. 이해찬 1세대라는 말은 단순한 구분이 아니라 내 세대가 시대와 제도의 첫 마주침에서 받은 일종의 낙인이었다. 그리고 나는, 그 낙인을 가슴속에 담은 채 어른이 되어갔다.

04

2002년의 붉은 물결,
그리고 2003년

`#2002월드컵`　`#2002대선`　　　2002년 7월, 14세

2002년 여름, 대한민국은 말 그대로 타올랐다. 단순한 비유가 아니다. 도로 위에, 광장에, 아파트 베란다에, 사람들의 눈빛에 불꽃이 일었다. 대한민국이 월드컵 4강 신화를 쓰며 전 세계를 놀라게 하던 그 시절, 전국은 하나의 리듬으로 움직이고 있었다. "대! 한! 민! 국!"이라는 구호가 한밤중에도 울려 퍼졌다. 평소에는 냉소적인 어른들조차 붉은 티셔츠를 입고 거리에 나섰다. 나는 그 물결 속에 있었다.

집 안에서는 가족과 함께 텔레비전 앞에 모여 손에 땀을 쥐며 경기를 지켜보았다. 학교에서는 친구들과 '박지성 세리머

니'를 따라 했으며 동네 마트에서도 응원용 태극기와 붉은 머리띠를 나눠줬다. 그건 단순한 축구 경기가 아니었다. 월드컵은 스포츠라는 외피를 입은, 거대한 사회 감정의 분출구였다.

그해 대한민국은 단지 골을 넣은 것이 아니라 자신감을 되찾고 있었고, 열정과 집단 정체성을 다시 확인하고 있었다. 경기 결과와 무관하게 사람들은 서로를 응원했고 낯선 사람과 하이 파이브를 나누었다. 그 풍경은 내가 살아온 그 어떤 날보다도 강한 연대감을 품고 있었다. 국가란 무엇인가? 공동체란 무엇인가? 나는 어디에 속해 있는가? 그 질문들에 대한 대답이, 그날의 응원 속에 있었다.

하지만 그 뜨거운 여름이 지나고 나의 삶은 예상치 못한 방향으로 향했다. 2002년 말, 아버지가 대학에서 안식년을 받으시면서 우리 가족은 1년간 미국으로 이주하게 되었다. 영어도 서툴렀고 미국이란 나라에 대한 실감도 거의 없었지만, 짐을 싸고 공항으로 향하는 비행기 안에서 나는 무엇인가 끝나고 또 시작된다는 느낌을 받았다.

그 이듬해, 2003년은 대한민국에 있어 결코 평범한 해가 아니었다. 노무현 대통령이 당선되었고 그 과정에서 정몽준과의 단일화, 후보 사퇴, 역풍 같은 격변의 정치드라마가 펼쳐졌다. 대구 지하철 참사가 발생해 수백 명의 시민이 희생되었고 온 국민이 충격에 빠졌다. 그러나 그 모든 뉴스는 내게 자막과 컴퓨터 속 인터넷 기사로만 도달했다. 나는 미국의 중서부 작은 도시에서, 한국에서 일어나고 있는 거대한 변화들을 화면 너머의 타자화된 사건으로 받아들였다.

그때 처음 깨달았다. 삶은 언제든 거리와 시간의 벽 너머에 놓일 수 있다. 국가가 바뀌고 사람이 죽고 역사가 쓰이는 동안에도, 한 개인은 그 시간과 무관하게 세탁기를 돌리고 영어 단어를 외우며 지구 반대편의 평범한 일상을 살아갈 수 있다는 사실. 그 감각은 유년기에 얻은 가장 낯설고도 깊은 인식 중 하나였다.

그때부터 나는 '나라'라는 말을 들을 때마다, 뉴스의 첫 줄보다 그 뉴스와 멀리 떨어진 누군가의 얼굴을 먼저 떠올리게 되었다. 돌이켜 보면 나는 김대중 대통령의 국민의 정부 시기를 거의 고스란히 통과했다. 그 시기는 정치, 경제, 외교, 교육, 문화 등 거의 모든 분야에서 '변화'라는 단어가 기본값처럼 작동하던 시대였다. IMF 이후의 구조조정과 회복, 정보화 사회의 전면적 도입, 남북정상회담을 통한 화해 무드, 수평적 정권교체의 실현, 대중문화의 부흥과 수출.

  나는 그런 거대한 시대의 파도 속에서 국민학교를 졸업했고 중학교에 입학했다. 컴퓨터를 처음 배웠고 <허준>을 보며 꿈을 꾸고 검도를 익혔다. 이사를 하고 교복을 입었으며 미국으로 떠나기도 했다. 국가가 혁신을 고민하던 그 시기, 나도 나대로 '성장'이라는 혁신을 치르고 있었다. 그 어떤 것도 제자리에 있지 않았고 모두가 무언가를 새롭게 배우고 있었다. 또한, 실패와 두려움 속에서도 '희망'이라는 이름의 불씨를 놓지 않으려 했다. 국민의 정부는 나에게 그런 기억으로 남아 있다. 정치를 몰랐지만 나는 그 시대를 분명히 감각했고 체험했고 흡수하며 살아냈다. 그것이야 말로 한 세대가 역사와 만나는 방식이고 아이들이 시대를 살아내는 가장 진실한 방법일 것이다.

CHAPTER 2

두 번의 탄핵을 지나며

PART 4

참여정부, 개인과 정치의 혼돈 속에서

01

귀국과 복학,
다시 한국, 다시 교실

`#검사와의 대화` `#대구지하철 참사`   2003년 7월, 15세

  2003년 여름, 미국에서의 1년간의 생활을 마무리하고 가족은 다시 한국으로 돌아왔다. 아버지의 안식년 덕분에 외국 생활을 경험했던 12개월은 내 기억 속에서 '가끔 꿈처럼 떠오르는 시간'이 되었다. 이제는 그 꿈에서 깨어나 현실로 복귀해야 할 순간이 찾아온 것이었다.

  낯선 언어와 문화를 뒤로한 채 익숙한 도시와 일상으로 돌아온 것은 분명 반가운 일이었지만, 정작 나를 기다리고 있던 중학교 3학년 2학기 교실은 생각보다 훨씬 더 낯설고 조심스러웠다. 나는 한 학기 중간에 편입된 '전학생'이었고, 이미 반

분위기는 오랜 시간 함께 지내온 친구들끼리 형성된 무리가 굳건해 보였다. 자리가 주어지고 이름이 불리고 급식 줄에 섰지만, 나는 마치 투명인간처럼 그 교실 안을 '조심스럽게 통과하는 존재'였다. 낯선 이방인의 위치는, 다름 아닌 익숙함 속에서 더욱 선명하게 드러났다.

그 무렵의 대한민국도 나와 비슷했는지도 모른다. 한 나라의 새로운 대통령이 집권한 지 겨우 반 년이 지난 시점, 2003년의 한국은 정치적으로도 정서적으로도 '과도기'의 어딘가에 있었다. 노무현. 그 이름은 당시 내 또래에게 조차도 익숙한 이름이 되어가고 있었다. 정치에 대해 제대로 아는 것도 아니었고 정당의 차이를 이해할 나이도 아니었지만, 텔레비전 뉴스에 가장 자주 등장하는 인물, 그리고 어른들의 대화 속에 자주 언급되는 이름으로서 '노무현'은 또렷하게 기억되었다.

뉴스에서는 그의 말투가 다르다, 감정이 앞선다, 기존의 틀을 깨려고 한다는 식의 평가가 매일같이 나왔다. 기존의 '카리스마형 대통령상'이나 '비서진에 둘러싸인 관료형 대통령'과는 다른, 말이 길고 때로는 서툴고 감정이 묻어나는 리더십은 언론과 국민 모두에게 익숙하지 않은 모습이었다.

그가 내세운 슬로건, '사람 사는 세상'이라는 말도 아직은 현실보다 이상처럼 들렸다. 무언가 따뜻하긴 했지만, 그것이 무엇을 의미하는지는 아무도 쉽게 설명하지 못했다. 동시에 그 말이 얼마나 어렵고 고된 일이 될지를 그 누구도 정확히 예감하지 못했던 시절이었다. 나는 뉴스에서 노무현 대통령이 연설하는 장면을 종종 보았다. 어딘가 불안한 어투, 표준어와 사투리가 섞인 어법, 원고를 벗어나는 말의 흐름. 그 모든 것이 내가 지금까지 봐왔던 대통령 이미지와 너무도 달랐기에, 어린 나이였음에도 뭔가 '다른 시대가 시작되었구나.' 하는 막연한 감정이 들었다.

이처럼 2003년 하반기의 대한민국과 나는 서로 다른 이유로 '적응'이라는 과제를 안고 있었다. 나는 다시 낯익은 땅에서 관계를 새로 시작해야 했고, 한국 사회는 낯선 대통령과 새로운 정치 스타일에 익숙해져야 하는 중이었다. 그것은 내가 '정치'를 감각적으로 처음 인지하게 된 계기였다. 어쩌면 노무현이라는 인물의 등장은, 나 같은 평범한 중학생이 세상의 구조를 더는 멀게만 느끼지 않도록 만든 한국 정치의 '서사적 입문'이었는지도 모른다. 그의 말투, 표정, 뉴스 속 논란 하나하나가 내게는 단어가 아닌 분위기로 먼저 전해졌고 나는 그 분위기 속에서 정치라는 세계의 외곽을 처음으로 걷고 있었던 것이다.

○
2

처음 만난
탄핵이라는 말

#2004년 탄핵   #돌발영상   2004년 4월, 16세

  2004년, 나는 고등학교에 입학했다. 중학교 시절보다 수업 시간은 길어졌고 교과서는 두꺼워졌으며 성적표는 더 현실적인 압박으로 다가왔다. "이제는 진짜 공부해야 한다"는 말이 주변 어른들의 공통 멘트가 되었고 학원 시간표는 빈틈없이 짜였다. 하지만 내게 그해 가장 인상 깊었던 변화는 공부의 양도, 친구의 구성도 아닌, 바로 '뉴스'가 교실 안으로 들어오기 시작했다는 점이었다.

  중학교 때까지만 해도 뉴스란 어른들이 저녁 밥상에서 보거나 사회시간 교과서에 등장하는 배경 정보 정도에 불과했다. 그런데 고등학교에 들어서자 친구들은 뉴스 얘기를 점심 시간 반찬처럼 꺼내기 시작했고, 정치인 이름이 농담과 조롱 의 대상이 되는 풍경이 자연스럽게 펼쳐졌다. 복도 게시판에 는 누군가가 그린 사회 풍자 만화가 붙었고 어떤 반에서는 패 러디 시험지를 만들기도 했다.

그 분위기를 가장 압축해서 보여준 게 바로 YTN의 '돌발영 상' 시리즈였다. 돌발영상은 국회 속 말다툼, 맥락 없이 나온 정치인의 어이없는 발언, 눈치 없는 표정 등을 짧고 재치 있 게 편집한 보도물이었다. 그것은 뉴스라기 보다는 '밈'에 가까 웠다. 우리는 그걸 보며 웃고 따라 하고 흉내 내면서 자연스럽 게 정치라는 개념에 접근했다. 정치는 더 이상 어른들만의 진 지한 의제나 뉴스 속 전문가들의 토론거리가 아니었다. 그것 은 우리가 '소비'하고 '해석'하고 때로는 '조롱'할 수 있는 대상 이자, 학생도 감정적으로 반응할 수 있는 콘텐츠가 되어 있었 다. 정치는 TV에만 있는 게 아니라 이미 우리 교실 안으로 복 도와 급식실과 매점 사이로 스며들고 있었던 것이다.

그해 봄, 그런 뉴스와 현실의 경계가 완전히 무너지는 사건 이 벌어졌다. 2004년 3월 12일, 국회에서 노무현 대통령 탄핵

안이 통과된 것이다. '탄핵'이라는 단어는 평소 우리가 쓰지 않던 낯선 말이었다. 하지만 그날 이후 학교, 집, 거리, TV, 신문 할 것 없이 모든 곳에서 탄핵이 화두가 되었다. 나 역시 처음에는 탄핵이 무슨 의미인지 잘 몰랐다. 단지 '대통령을 물러나게 한다'는 말이 충격적이었고 더 놀라운 것은 그게 실제로 가능한 일이라는 점이었다. 그날 밤, 가족과 함께 TV 뉴스를 보던 중 할아버지는 진지한 표정으로 말씀하셨다.

"비, 리, 법, 권, 천. 도리는 법을 이기지 못하고 법도와 양식은 권위 아래 놓이며 권위는 천하를 꺾지 못한다는 것을 말한다." 그 말의 논리 구조는 당시 나에게는 다소 추상적이었다. 그러나 단어 하나하나가 묘한 긴장감을 주었다. "대통령도 잘못하면 끌어내릴 수 있다"는 말은 그 자체로 정치 체제가 가진 힘과 불안을 동시에 느끼게 했다. 나는 그 순간, '민주주의란 무언가 위험하면서도 굉장한 것'이라는 감각을 처음으로 얻게 되었다.

그리고 정말 놀라운 우연이 있었다. 헌법재판소의 탄핵 기각 결정이 내려진 날이 바로 우리 학교 소풍 날이었다. 우리는 롯데월드로 향했고 버스 안에서 웃고 떠들었지만, 친구들 중

한 명은 휴대용 라디오를 귀에 꽂고 있었다. 소풍이 끝나갈 무렵, 그 친구가 갑자기 외쳤다. "야! 탄핵 기각됐대!" 그 목소리는 마치 골이 터졌을 때의 축구 해설처럼 들렸다. 우리 반의 몇몇 친구들은 "와~ 진짜?" 하며 놀랐고, 나는 놀이공원이라는 비현실적인 공간 속에서 현실 정치가 돌아서는 순간을 실감했다. 그 후에 열린 4.15 총선에서 열린우리당이 승리했다는 뉴스를 들으며, 나는 '역풍'이라는 단어의 실제 작동 원리를 처음 이해하게 됐다. 국민의 감정이 여론을 만들고 여론이 정치 결과를 바꾼다는 것. 그건 교과서에서 배운 게 아니라 놀이기구 줄을 서며 체감한 현실이었다.

그 모든 경험은 내게 처음으로 '정치란 살아 움직이는 생물'이라는 사실을 가르쳐주었다. 그것은 뉴스 속에서만 존재하는 일이 아니라, 우리가 몸으로 느끼고 주변에서 목격하고 친구들과 함께 반응하는 사건들로 이루어진 삶의 일부였다. 2004년의 나는 고등학교 1학년이었고 아직 투표권도 없었지만, 그해 봄은 내 삶 속에 '정치'라는 단어가 뚜렷한 형태로 들어온 시기였다. 그리고 그 첫 만남은 뉴스보다 더 선명하게, 라디오 한 줄 속 친구의 목소리로 내 기억 속에 남았다.

○
3

입시의 시간,
사회는 더 요동친다

#황우석   #한미FTA   #APEC   2006년 10월, 18세

고등학교 2~3학년이 되자, 세상은 더 이상 넓지 않았다. 내 일상의 중심은 오직 '대입'이라는 하나의 문을 향해 수렴되고 있었다. 내신 성적, 수능 모의고사 점수, 논술 대비 모범 답안, 학원 시간표, 야간 자율학습, 주말 특강, 그리고 그 사이사이에 끼워 넣은 5시간 이하의 수면. 모든 시간이 대학이라는 목표에 맞춰 편성되고 있었고 나는 그 편성표 속에서 하루하루를 소진하고 있었다.

하지만 바깥세상도 만만치 않았다. 당시 한국 사회는 마치 입시 못지않은 거대한 시험지 안에 갇혀 있는 듯한 분위기였다. 매일 뉴스 속에는 '혼란', '논란', '충격'이라는 단어가 빠지지 않았다. 교실 안에서조차 정치와 과학, 경제 이야기가 수업 시간 외에도 스며들었다.

2006년 어느 날, 수업을 마치고 집으로 돌아와 텔레비전을 켰을 때였다. 자막이 요란하게 떴다. "황우석 박사, 줄기세포 논문 조작 확인." 정적이 흘렀다. 황우석이라는 이름은 단순한 과학자를 넘어선 존재였다. 그는 불과 1~2년 전만 해도 '국민 과학자', '대한민국의 자부심'이라 불리던 인물이었다. 신문 1면을 장식했고 초등학생부터 어른까지 그의 이름을 알고 있었다. 그는 생명윤리와 과학 기술, 의료 혁신을 하나로 잇는 상징처럼 존재했고, 심지어 일부 고등학생들은 "황우석 때문에 수의학과 선택했어."라고 말하곤 했다. 그런데 이제, 그가 조작을 저질렀다는 것이다.

친구 중 한 명이 비꼬듯 말했다. "야, 줄기세포 믿고 수의대 쓴 애들 어쩌냐?" 다른 친구는 "수의대 입결 박살 났다"며 헛웃음을 지었다. 물론 그 말들은 웃음처럼 포장됐지만 그 안에는 분명히 당혹감과 배신감이 섞여 있었다. 과학의 권위, 언론의 신뢰, 국가적 명예라는 말들이 그날 이후 휘발되듯 사라져

갔다. 무엇보다 충격적인 건, 그런 거대한 무너짐이 단 몇 줄의 뉴스 자막으로 전달됐다는 사실이었다. 그 시기 한 예능 프로그램에서 김종민 씨가 줄기세포에 대해 엉뚱하게 언급했던 장면도 기억난다. 과학자가 만든 신화가 대중문화 속 '농담'으로 떨어지는 데는 그리 오랜 시간이 걸리지 않았다. 그 장면은 어린 나에게 과학과 권력, 언론과 진실 사이의 불안한 경계를 처음 체감하게 만든 순간이었다.

비슷한 시기, 교실에서는 또 다른 뉴스가 자주 오르내렸다. 한미 FTA 협상이 본격화되며 "미국산 쇠고기가 들어오면 한우 농가가 다 망한다"는 말이 떠돌았다. 경제 구조는 물론 FTA라는 말의 의미도 정확히 알 수는 없었지만, 부모님은 그 뉴스를 보며 한숨을 쉬었고 식탁 위에 올라오는 소고기의 출처에 대해 한참을 얘기하셨다.

나는 그때 처음으로 경제 뉴스가 우리 집 식단에도 영향을 줄 수 있다는 사실을 깨달았다. 정치와 과학, 경제와 사회가 TV 화면 속 이야기만이 아니라, 나의 입시 스트레스와 가족 식사, 친구들의 농담까지도 바꾸는 힘을 가지고 있다는 걸 실감한 해였다.

그리고, 2005년의 그 일. 아직도 또렷하다. 수능 시험이 1주일 연기된 사건. 이유는 다름 아닌 부산에서 열리는 APEC 정상회담 때문이었다. 수능 날짜는 늘 11월 셋째 주 목요일이라는 믿음이 있었다. 그날을 중심으로 모든 학습 계획이 짜였고 수능이 끝난 그날 밤 영화를 볼지 여행을 갈지 고민하는 것이 그 세대의 '권리'처럼 여겨졌다. 그런데 국가의 외교 일정 하나로 그날이 흔들린 것이다.

"더 공부할 수 있어서 좋지 않냐"는 말도 있었지만, 이미 컨디션을 그 날짜에 맞춰 조절해온 많은 수험생들에게 1주일의 연기는 감각의 파탄처럼 느껴졌다. 선배 중 한 명은 말했다. "멘탈 다 무너졌어. 난 11월 셋째 주에 맞춰 살아왔는데, 이제 못 하겠어." 그 말이 단순한 푸념처럼 들리지 않았던 이유는, 학생이란 존재가 얼마나 일정과 구조, 리듬에 의존해 살아가는지를 그대로 보여주었기 때문이다.

그 사건은 내게 또 하나의 교훈을 남겼다. 정치와 외교는 결코 시험 범위 밖의 이야기가 아니며 국가의 결정은 언제든 한 개인의 계획을 흔들 수 있다. 그리고 그 흔들림은 학생처럼 제약된 존재일수록 더 크게 느껴진다는 것.

고등학교 2~3학년, 나는 입시를 준비하며 세상과 잠시 단절된 듯 살았지만, 사실 그 누구보다도 깊이 사회와 정치를 감각하고 있었다.

매일 밤 손에서 떨어지지 않던 문제집 속 수식 너머로, 뉴스 자막 한 줄 한 줄이 내 일상에 스며들고 있었다. 그 자막은 내가 사는 세상의 구조를, 그리고 그 구조 속 나의 위치를 서서히 가르쳐주고 있었다.

○
4

대입과 경험한 청와대

`#놈현스럽다`　`#전작권 환수연설`　　2007년 8월, 19세

2007년, 나는 대학에 입학했다. 고등학교의 빡빡한 시간표와 무한 경쟁의 압박에서 풀려나 대학 캠퍼스에 들어서던 그날, 세상이 정말로 넓어졌다는 감각이 내 안에 가득 찼다. 지문처럼 찍혀야만 했던 정답에서 벗어나 이제는 내가 무슨 책을 읽을지 어떤 과목을 선택할지를 스스로 결정할 수 있다는 자유. 그 자유는 낯설고도 짜릿했다.

그해는 대한민국에도 작지 않은 전환점이었다. 노무현 대통령의 임기 마지막 해였고 언론과 여론은 그의 퇴장을 앞두고 복잡한 평을 쏟아내고 있었다. 누군가는 그를 '변화의 아이

콘'이라 말했고 또 누군가는 '실패한 이상주의자'라 비판했다. 정치적 평가는 엇갈렸지만 내게는 그 어느 쪽도 절대적인 감정을 주지 않았다. 왜냐하면, 나는 그를 직접 만난 사람이었기 때문이다.

그해 여름, 나는 대통령 과학 장학생 자격으로 청와대에 초청받았다. 초록색 잔디가 넓게 펼쳐진 청와대 행사장. 햇살은 부드러웠고 그날의 하늘은 유난히 맑았다. 단상에 올라온 노무현 대통령은 형식적인 의전 대신, 그의 특유의 말투로 짧고 단정한 조언을 남겼다. "국가만 믿고, 공부 열심히 하십시오." 말은 짧았다. 그러나 그 눈빛은 길었다. 카메라 앞의 정치인이기보다는 인생을 먼저 살아본 진심 어린 선배처럼 느껴졌다. 어딘가 조금 어눌하고 너무 솔직해서 미숙해 보일 수도 있었지만 그래서 더 기억에 남는 사람이었다. 나는 그날 이후 '정치가 사람 냄새 나는 일이 될 수 있다'는 가능성을 마음속에 품게 되었다.

그보다 몇 달 전, 2006년 겨울, 나는 수능을 막 마친 상태였다. 입시가 끝났다는 해방감과 함께 텔레비전을 틀었고 그때 노무현 대통령의 '전시작전통제권(전작권) 환수' 연설이 방영되고 있었다. "우리 군은 스스로 국방을 책임질 수 있는 나라가 되어야 합니다." 처음에는 너무 거창하게 들렸다. '전작권'이라는 단어도 생소했고, 국방이라는 말은 아직 내 삶과 거리가 멀게 느껴졌다. 하지만 시간이 지나면서 그 말은 내 안에 질문 하나로 남았다. '국가란 무엇을 책임지는 존재인가.'

그리고 또 한 가지, 그 시기 또렷하게 기억나는 것이 있다. 바로 '놈현스럽다'는 단어의 유행이다. 처음에는 일종의 조롱처럼 들렸다. 말이 꼬이고 표정이 어설프고 상황에 민감하게 반응하는 그의 모습은 인터넷 커뮤니티에서 풍자의 대상이 되곤 했다. 그러나 아이러니하게도 그 조롱은 점차 애정 어린 별명처럼 변해갔다. "놈현스럽다"는 말에는 불안정하지만 솔직하고, 계산되지 않았지만 인간적인 그 사람의 정서가 오롯이 담겨 있었다. 나는 그 단어가 웃음으로 시작해 연민으로 이어지고 결국엔 애정으로 귀결되는 흐름을 지켜봤다. 노무현이라는 인물은 정치인의 이름이 아니라 감정의 언어로 기능하고 있었다.

2007년의 대한민국은 다음 정권을 향한 숨 고르기를 하고 있었다. 나는 청춘의 문턱에서 '어떤 정치, 어떤 인간, 어떤 시대'를 기억할 것인가를 처음으로 고민하기 시작했다. 노무현은 그 물음표 앞에 놓인 하나의 느낌표 같은 인물이었다. 정치사적으로는 수많은 논쟁 속의 대통령이었지만, 내 인생의 서사 속에서는 청와대의 잔디밭 위에서 만난, "공부 열심히 하라"고 말해주던 그 시절의 '어른'이었다.

05

참여정부를
통과한 나

`#노무현`　　　　　　　　　　　　　　2007년 12월, 19세

　나는 참여정부 시절 고등학생이었다. 입시생이었고 장학생이었고 그리고 곧 유권자가 될 준비를 하던 세대였다. 교복을 입고 학교를 오가며 매일같이 '내신'과 '수능'이라는 두 개의 단어를 붙잡고 살았지만, 동시에 뉴스 속 자막에 눈을 떼지 못하고 토론 방송의 말싸움에서 고개를 끄덕이거나 화를 내던 그런 학생이었다. 시험 범위를 벗어난 세상을 배우던 시간, 그것이 내 10대 후반이었다.

　그 시절 내내, 참여정부는 마치 하늘에 떠 있는 배경음악처럼 내 삶을 감싸고 있었다. 어떤 날은 그것이 따뜻했고 어떤

날은 혼란스러웠다. 그러나 분명한 건, 그 정권이 내 감정의 형성 과정에 깊이 침투해 있었다는 사실이다. 참여정부는 단지 하나의 행정부가 아니었다. 그것은 민주주의라는 제도가 한국 사회에서 본격적으로 실험대에 오른 시기였고, 그 실험이 성공할지 실패할지는 누구도 장담할 수 없었다. 대통령은 새로운 방식으로 말했고 사회는 점점 더 빠르게 개방되었으며 시민은 권리에 눈뜨기 시작했다. 그 사이, 우리는 학생이었다. 교복을 입은 채 뉴스 속 단어들을 슬쩍 주워들으며, 어른들이 벌이는 논쟁을 낯설게 바라보면서도 점차 '정치'라는 감각을 내면화해가고 있었다.

나는 누군가의 연설에 놀랐고 대통령의 사투리 섞인 말투에 당황했으며 수능 날짜가 APEC 회의 때문에 바뀌었다는 뉴스에 불만을 품었다. 황우석의 몰락에 충격받았고, 탄핵이라는 말이 실제로 '기각'될 수 있다는 걸 배우면서, '법'과 '절차'가 실제로 작동할 수 있다는 사실에 묘한 신뢰를 느꼈다. 그 모든 순간이, 책으로 배운 것이 아니라 '살면서 겪은 사회과목'이었다.

그 시절, 노무현은 단지 대통령이 아니었다. 그는 교과서에 나오는 직책이 아니라 내 일상 어딘가에서 계속해서 튀어나오는 감정적 존재였다. 말이 꼬이고 감정이 앞서며 땀이 보이던 그의 모습은 어떤 날은 미숙하게, 또 어떤 날은 인간적으로 느껴졌다. 그리고 그 인간적인 흔들림은 내가 어른이 되어가는 과정과 깊이 겹쳐 있었다.

나는 내 인생의 중요한 시기를 그런 대통령과 함께 보냈다. 그가 나라를 어떻게 바꾸었는지에 대한 평가보다 더 확실한 건, 그가 나라는 사람의 감정 구조 안에서 어떤 흔적을 남겼는가였다. 그는 내 청춘의 배경이었다. 그 배경 위에서 나는 시험을 치렀고 고민을 했고 그리고 천천히, 정치라는 단어를 낯선 이름이 아니라 내 삶의 언어로 받아들이는 어른이 되어가고 있었다. 그건 아주 조용하지만 분명한 성장의 기록이었다. 노무현은 내 인생을 바꿔 놓은 사람은 아니지만, 내가 어른이 되는 시간을 배경처럼 지켜봐 준 사람이었다.

PART 5

이명박 정부, 정치와 삶의 교차로

1

장학금도 정책이다, '행정'의 무게

#실용정부 #공부 좀 할 걸 2008년 3월, 20세

2008년, 대한민국 제17대 대통령으로 이명박이 취임했다. 그의 등장은 "747 공약", "실용정부", "기업가 정신" 등 여러 수식어와 함께 사회 전반에 '효율'과 '성과' 중심의 분위기를 퍼뜨렸다. 한마디로, 정부는 이제 감성이 아니라 성과로 말하겠다는 선언 같았다. 당시 대학교에 막 적응하던 나에게 그 정치적 슬로건은 멀고 추상적인 것이었다. 그러나 그 변화는 뜻밖에도 내 통장으로 들어오는 장학금에서, 학점표의 숫자에서, 그리고 지도교수의 한마디에서 현실이 되었다.

나는 '대통령 장학금' 수혜자였다. 단지 성적이 좋아서가 아니라, 해당 장학금이 당시 고등학생이던 나의 상황과 조건을 일정 부분 충족했기 때문에 주어진 혜택이었다. 2006년, 장학금 유지 기준은 평균 학점 2.4였다. 그땐 소위 말하는 'C학점'이 기준점이었고, 나처럼 문과 수업과 교양 과목을 병행하며 비교적 여유 있게 학점을 운영하던 학생에게는 큰 부담이 없는 수준이었다.

하지만 그 기준은 해마다 높아졌다. 2007년에는 2.7, 그리고 2008년에는 3.0으로 상향 조정되었다. 처음엔 단순한 행정 개편인 줄 알았다. 국가 장학금이니까 당연히 약간의 변화는 있을 수 있다고 생각했다. 그러나 그 변화가 일관되고 지속적이며 '성과 중심의 정렬'을 향해 달려가고 있다는 사실을 깨닫는 데는 오래 걸리지 않았다.

내 경우, 2008년 1학기까지는 간신히 기준을 맞춰 장학금을 유지할 수 있었다. 그러나 2학기에는 사소한 실수 몇 가지가 겹쳤고, 수강한 한 과목에서의 'B-' 하나가 전체 평균을 0.03 낮췄다. 그 결과, 나는 장학금에서 탈락했다. '잘렸다'는 말이 과장이 아니었다. 그 장학금은 등록금뿐 아니라 생활비와도 직결되었기 때문이다. 단순히 혜택을 잃었다는 것이 아니라,

'정부가 나를 신뢰하지 않는다'는 감정이 슬그머니 찾아왔다.

그때 처음 알았다. 국가의 정책은 거창한 정치 뉴스 속 문장이 아니라, 수강신청표 옆에 붙은 한 줄 기준일 수 있다는 것. 정책이라는 단어는 법제처나 국회 회의실에 머무는 것이 아니라, 대학생의 학점과 생활비에 직접 들어오는 현실이었다. 지금 돌이켜보면, 그 변화는 이명박 정부의 '관리 행정', '효율 행정'이라는 통치 철학의 대학 내 실현이었다. 좋은 성적을 내는 학생에게 더 많은 기회를 주고, 관리 가능한 수치로 성과를 정리하고 평가하는 체계는 어찌 보면 합리적이었다. 하지만 그 이면에서 느껴지는 건, 정책이 인간의 사정과 맥락을 놓치고 있다는 불편한 진실이었다.

나는 그해를 통해, 국가가 '보여주기 위해 설계한 제도'와 '그 제도 속에 살아가는 개인의 현실에 대한 체감' 사이에 얼마나 큰 간극이 있을 수 있는지를 처음으로 체험했다. 정권이 바뀌면 세상이 바뀐다는 말은 막연하게 들렸지만, 그때 나는 처음으로 진지하게 이렇게 말하고 싶었다. "정권이 바뀌면 내 학점도, 내 장학금도, 결국에는 내 하루도 달라진다." 그것이 이명박 정부가 나에게 남긴 가장 생생한 첫 경험이었다. 정치가 교실 밖이 아니라, 바로 내 책상 위로 들어오던 순간. 공약보다 더 확실했던 건 내 성적표였다. 물론 지금 돌이켜보면 그때 공부를 더 열심히 할 걸 그랬다.

○
2

생애 첫
정치적 참여

`#촛불시위` `#법학개론`   2008년 7월, 20세

  2008년 여름, 대한민국은 뜨겁게 끓어올랐다. 폭염 때문만은 아니었다. 미국산 쇠고기 수입 협상과 광우병 위험성 논란은 국민의 뇌리를 강타했고 그 분노는 곧 거리로 향했다. 처음엔 인터넷에서, 다음은 청계광장에서, 이어서 전국의 도심에서 수천 개의 촛불이 피어올랐다. '이게 나라냐'라는 말은 아직 유행어가 아니었지만 그 질문은 이미 수많은 사람들의 가슴 속에서 자라고 있었다.

  그해 여름, 나는 대학생이었고 친구들과 함께 광화문 촛불집회에 나갔다. 단지 고기를 수입한다는 정책 때문이 아니었

다. 시민의 말이 들리지 않는다는 감정, 무언가가 일방적으로 밀어붙여지고 있다는 불쾌감, 그리고 어디에선가 국민이 '소비자'로만 취급되고 있다는 절망이 뒤섞여 있었다. 우리는 플래카드를 들었고 피켓 대신 손바닥에 글씨를 적기도 했다. 누군가는 'MB OUT'을 외쳤고 누군가는 '국민 건강은 협상 대상이 아니다'라는 문구를 적어 흔들었다.

시위 현장에는 다양한 세대가 섞여 있었다. 학생, 직장인, 부모와 함께 나온 아이들, 퇴근 후 정장을 입은 채 온 직장인들까지. 그곳은 단지 분노의 공간이 아니라, '말할 권리'를 되찾기 위한 광장이었다. 우리는 큰 소리를 내며 항의했지만 그 안에 담긴 감정은 분노만이 아니었다. 무시당했다는 상실, 설명받지 못했다는 모욕, 의견을 전할 방법이 없다는 좌절. 그 감정들이 촛불이라는 상징을 통해 정리되지 않은 감정의 공동체로 표출되고 있었다.

그 사건은 내게 '정치란 단지 정책의 문제가 아니라 태도의 문제'임을 처음으로 각인시켜주었다. 정부가 국민을 어떻게 대하느냐, 어떤 방식으로 설명하고 얼마나 성의 있게 소통하느냐가 정책 그 자체만큼이나 중요한 문제라는 사실을 체험하게 된 것이다.

그 무렵, 나는 2학기 법학개론 수업을 듣고 있었다. 강의는 일반적인 이론 중심 강의였지만 어느 날 교수님이 시위와 관련된 주제를 꺼냈다. 수업은 조용해졌고 그 분위기 속에서 한 친구가 조심스럽게 손을 들었다. 그는 말했다. "저, 사실 이번 시위에 전경으로 동원됐어요. 방패 들고 시민들 앞에 섰는데… 저도 시위 내용엔 동의했거든요."

순간 교실은 고요해졌고 교수님도 눈을 들어 그를 바라보았다. 그 친구는 말끝을 흐리며 "나도… 어쩔 수 없었다."라고 덧붙였다. 그때 교실 안에는 법과 명령, 신념과 양심 사이에서 갈등하는 한 인간의 복잡한 감정이 고스란히 흘러나오고 있었다. 그 이야기는 내게 잊을 수 없는 질문을 남겼다. 법은 옳은가? 권력은 절대적인가? 양심은 어디까지 허용되는가? 그리고, 그 셋이 충돌할 때, 인간은 무엇을 선택해야 하는가?

그날의 수업은 공식적인 토론도, 시험에 나올 만한 주제도 아니었지만, 내가 정치와 사회를 대하는 태도에 근본적인 질문을 던진 사건이었다. 그 여름, 나는 거리에서 '시민'이라는 이름으로, 그리고 교실에서는 '학생'이라는 이름으로, 법과 권력, 국가와 개인, 통치와 표현의 의미를 처음으로 고민하기 시작했다. 정치는 논리만으로 움직이지 않는다. 정치엔 감정이 있고 태도가 있고 숨결이 있다. 그해 여름의 촛불은 나에게 민주주의의 개념을 가르친 것이 아니라, 민주주의가 왜 감정적으로 중요한가를 알려준 첫 수업이었다.

○
3

군대와 뉴스,
연대보고서 속 대통령

#군대 #노무현 서거   2009년 5월, 21세

2009년 1월, 나는 군에 입대했다. 짧다면 짧고 길다면 긴 2년의 시간, 그 출발은 생각보다 무던했다. 군복은 무겁고 생활관은 낯설었지만 의외로 나는 군의 시스템에 금방 적응했다. 그리고 얼마 지나지 않아 나는 '정작병'—정훈 행정병으로 보직을 받게 되었다. 정작병의 일은 단순하지만 반복적이다. 연대 보고자료를 정리하고 장병 대상 훈시문을 편집하며 주간 브리핑을 문서로 만드는 일. 실질적으론 장교가 써야 할 문장을 대신 다듬고, 간부가 말할 멘트를 실무적으로 구성하는 일이었다.

그때가 마침 이명박 대통령 재임 초기였고 매주 대통령 담화가 언론을 통해 공개되던 시기였다. 각종 정책 발표, 국민 대상 당부, 경제 위기 관련 메시지가 정례적으로 나왔고, 나는 그것을 정리해 "이번 주 훈시사항"이라는 제목 아래 연대 보고서에 포함시켰다. 처음에는 그저 '행정적인 일'이라고 생각했다. 하지만 그 일이 반복될수록 나는 점점 한 가지 사실을 깨닫게 되었다. "정책은 곧 언어이고 언어는 곧 분위기를 만든다"는 것. 어떤 단어를 쓸지 어떤 표현을 생략할지 그리고 무엇을 강조할지를 고민하면서 나는 국가의 말이 어떻게 병사들의 귀에 전달될지를 늘 염두에 두고 있었다.

그러던 2009년 5월, 노무현 전 대통령의 서거라는 충격적인 소식이 들려왔다. 한동안 조용했던 내부 인트라넷은 갑자기 분주해졌고 각종 공지가 날아들었다. 가장 자주 본 문구는 이것이었다. "정치적 중립을 철저히 유지하라." 군은 철저히 침묵을 요구했다. 누가 무엇을 느끼든 그것을 말해서는 안 된다는 공기가 연대 전체에 퍼져 있었다. 연대 회의 때는 '사회 동향 예의주시'라는 항목이 새로 생겼고 내가 작성하는 보고서 안에도 그 말이 들어갔다. "국내 정세 변화에 따른 병영 내 분위기 주시, 부대원 발언 관리 철저." 이 문장은 정치적 표현의 가능성 자체를 차단하는 기호였다.

하지만 그런 금지의 분위기 속에서도, 병사들 사이에선 조용한 질문들이 떠돌았다. "왜 그렇게 됐을까?", "정말 혼자 감당했대?", "그 사람이 그렇게까지 할 사람이었어?" 생활관 안에서 우리는 뉴스보다 더 조심스럽고도 깊은 이야기를 나누고 있었다. 어떤 병사는 당시 뉴스를 몰래 프린트해서 생활관 뒷면 사물함에 숨겨두었다. 또 다른 병사는 휴가 중 조문을 다녀왔다며 그날 장례식장의 공기를 조심스럽게 묘사했다. 우리는 아무 말도 하지 않았지만, 다들 그 날 이후 '무언가가 꺾였다'는 감각을 공유하고 있었다.

나는 그때 처음으로 느꼈다. "침묵조차 정치적일 수 있다"는 사실을. 말하지 않는 것도 하나의 입장이다. 표현하지 않는 것도 하나의 해석이다. 그리고, 표현하지 말라는 명령 자체가 가장 강력한 정치적 메시지가 될 수 있다는 것. 그 침묵은 단지 목소리를 내지 않는 것이 아니라, 무언가를 견디는 방식의 한 형태였다.

노무현의 죽음은 단지 전직 대통령의 사망이 아니었다. 그것은 '한 사람의 정치를 믿어보려 했던 시민의 감정이 도달한 끝'이었다. 그 끝을 병영이라는 폐쇄된 공간에서 조용히 바라보던 나는, '정치가 나와 아무 상관없는 것이 아니라는 사실'을 실감했다. 그해의 봄과 여름은, 언어를 편집하던 병사였던 내가, 말할 수 없음 속에서 가장 많은 말을 들었던 계절이었다.

○
4

안보의 공포와
경제의 불안

(#금융위기) (#천안함)　　　　　　2010년 11월, 22세

2010년, 나는 군복무의 끝자락에 서 있었다. 계급은 상병 말, 업무도 어느 정도 익숙해져 있었고, 제대가 얼마 남지 않은 '말년'이라는 말에 맞춰 마음은 이미 민간의 시간으로 반쯤 넘어가 있었다. 그러던 어느 날, 뉴스 속 자막이 온 부대에 긴장감을 불어넣었다. 천안함 피격 사건. 서해 북방한계선 근처에서 우리 해군 초계함 한 척이 두 동강이 났다는 속보였다. 뉴스 화면에는 철판이 찢어진 군함의 절단면, 구조 장병의 헝클어진 얼굴, 그리고 유족의 울음이 연일 반복되었다. 전방 부대에는 긴급훈련 명령이 떨어졌고, 후방의 우리 부대에도 '대

비태세 격상'이라는 문구가 일상처럼 퍼졌다.

그 무렵, 손톱을 깎고 유서를 쓰는 훈련이 실제로 이루어졌다. 누군가는 허탈하게 웃었고 또 다른 이는 묵묵히 이름을 적었다. 당시 나는 "혹시 우리도…."라는 생각을 생애 처음으로 진지하게 품었다. 총은 있지만, 사격 훈련 외에 실전에서 총을 써본 적은 없는 군인. 적과 싸운다는 것은 상상 속의 일이었는데 그 상상이 갑자기 실제 가능성으로 바뀌는 순간이었다.

그리고 더 이상한 경험은 연평도 포격 사건 때 벌어졌다. 나는 마침 그 사건 1주일 전에 전역했다. 집에 있던 나는, 텔레비전 화면을 통해 불타는 섬과 포성이 터지는 장면을 멍하니 바라봤다. 문자로 전우들의 메시지가 쏟아졌다. "야, 다시 입대하겠네." "우리 부대 경계 다 올랐다." "대피소 있는 줄 알았냐? 본부 안이 더 안전해." 그 순간, 나는 복무자도 예비역도 아닌 이상한 시간대에 속한 사람처럼 느껴졌다. 군복은 벗었지만 군대의 기억과 감각은 아직 내 몸에 남아 있었고, 나는 뉴스 속 폭음과 문자 속 비속어 사이에서 '전쟁'이라는 단어의 실체가 무엇인지 처음으로 감각하기 시작했다.

한편, 그 시기 또 다른 뉴스는 경제였다. 2009년 글로벌 금융위기의 후폭풍은 여전히 군 안에서도 회자되고 있었다. 아침 조회 이후에 열리는 정훈교육 시간, 교육장에서는 3대대 교육장교가 강의 중 이렇게 말했다. "지금 국내 주식 사면 됩니다. 이건 기회입니다." 그 말은 단순한 경제 지식 전달이 아니었다. 일종의 사회적 태도 훈련처럼 느껴졌던 순간이었다. 주식을 단 한 번도 생각해본 적 없던 나는 당황했다. 더 놀라운 건, 내 후임병이 곧장 한 다음 말이었다. "저는 현대제철 살 생각입니다. 요즘 철강 바닥 찍었어요." 그때 나는 웃었다. '군대에서 주식 얘기라니, 뭔가 엇박자가 난 느낌'이었고 정작 나는 그 말을 그냥 흘려 보냈다. 그러나 지금 돌아보면 그 말 한마디에 담긴 경제적 감각은 시대를 선취하고 있었다. 그 후 현대제철 주식은 상승했고, 나는 그 후임이 나보다 훨씬 먼저 '경제와 나'를 연결 짓고 있었다는 사실을 뒤늦게 인정해야 했다.

그 시절의 나는 군인이었고, 전역자였으며, 안보 뉴스에 긴장하고 주식 이야기에 머뭇거리던 어정쩡한 경계인의 상태였다. 하지만 그 어정쩡함 속에서 나는 느꼈다. 안보와 경제, 군대와 개인의 선택—이 모든 것이 서로 무관하지 않다는 것. 그때는 몰랐다. 정치적 위기와 경제적 기회가 같은 시공간에 공존

할 수 있다는 사실을. 그러나 지금은 안다. 그 시기 내게 가장 깊은 흔적으로 남은 건, 단지 뉴스 속 사건이 아니라 그 뉴스에 대한 나의 감정, 나의 무지, 나의 선택이었음을. 그 모든 것이 내 청년기의 구성요소이자, 시대와의 첫 정면 대면이었다.

○
5

녹색이념, 캠퍼스에 스며들다

#녹색성장   #그린뉴딜   2011년 5월, 23세

2011년, 나는 전역 후 대학으로 복학했다. 사회와 다시 연결되는 첫 학기, 군대에서 갓 벗어난 몸과 머리는 아직 낯설었고, 강의실에 앉아도 '나는 아직 민간인이 아니다.'라는 감각이 몸 어딘가에 남아 있었다. 그해 1학기, 나는 'ecoroko'라는 이름의 친환경 동아리에 들어갔다. 친환경 정책들이나 내용들을 검토해보고 블로그에 포스팅하는 업무가 주였다.

그 무렵, 뉴스에서는 자주 이런 단어들이 나왔다. '녹색성장', '저탄소 녹색경제', '그린 뉴딜' 이명박 정부는 "성장과 환경을 동시에 잡겠다"는 메시지를 강하게 밀어붙이고 있었다. 기업들은 경쟁적으로 '친환경 브랜드'를 런칭하며 제품 포장지와 광고 문구를 바꿔 나갔다. 처음엔 나도 그걸 그저 '정부 이미지 세탁'이나 '일시적 트렌드' 정도로 생각했다. 하지만 시간이 지나며 점점 달라졌다. 무언가가 달라지고 있다는 감각. 그리고 그 변화는 '위에서 아래로' 흐르고 있다는 인식. 즉, 국가가 정책을 슬로건으로 선언하면 대학은 그것을 학내 사업으로 전환하고, 학생은 그 안에서 자발적 참여자인 동시에 정책 집행의 미시적 단위가 되는 구조.

나는 그때 처음으로 정권의 기조와 대학의 문화가 단절되어 있지 않다는 사실을 깨달았다. 오히려 그것은 은근히, 그리고 아주 정교하게 연결되어 있었다. 이명박 정부는 분명 '실용'과 '효율'을 내세우던 보수 정권이었다. 그러나 그 '실용'은 곧 '시장 중심적 환경주의'라는 형태로 재탄생했고, 그 언어는 자연스럽게 대학가의 '자발적 실천'이라는 이름을 덧입고 퍼져 나가고 있었다. 우리는 환경 캠페인을 했지만 그 캠페인은 정부 사업의 일환이기도 했다. 그때 나는 처음으로, 이념은 단지 정당의 구호나 정치인의 말이 아니라 삶의 방식과 문화의 양식으로 스며들 수 있다는 사실을 체감했다.

정치는 때로 교과서보다 스티커 디자인에 더 잘 녹아 들며, 법률보다 플래카드 하나로 더 먼 곳까지 전달되기도 한다. 그리고 그 정책은 어느새 내 자발성 위에 놓인 선택지가 되어 있었다. 'ecoroko'는 단지 친환경 동아리가 아니었다. 그건 내가 처음으로 '국가적 담론'을 내 일상 속 활동과 연결해보았던 공간이었다. 나는 그 활동을 통해, 시대의 언어가 어떻게 내 하루의 행동을 구성하는지를 배웠다.

  환경을 생각했던 활동이었지만, 결국 나를 돌아보게 만든 건 '누가 이 흐름을 만들고 있었는가'였고, '나는 그 흐름 속에서 어떤 자리를 차지하고 있었는가'였다. 그 깨달음은 단순한 분리수거보다 훨씬 복잡하고 깊은 질문을 남겼다. 그리고 그 질문은 지금까지도, 내가 시대의 언어를 만날 때마다 다시 꺼내 보는 내적 나침반처럼 남아 있다.

○
6

풍자와
저항의 리듬

`#디도스`　　`#나는 꼼수다`　　　　　2011년 11월, 23세

2011년 말에서 2012년 초, 대한민국의 정치는 조용히 균열을 일으키고 있었다. 그 계기는 서울시장 보궐선거와 디도스 공격 사건이었다. 이명박 정부 말기, 오세훈 시장의 사퇴로 치러진 서울시장 보선은 단순한 지방선거가 아니었다. 그 선거는 차기 대선을 가늠하는 바로미터로 여겨졌고, 보수와 진보, 세대 간 대결 구도가 선명하게 드러난 정치적 이벤트였다. 그러나 선거 당일, 이해할 수 없는 일이 벌어졌다. 선거관리위원회 홈페이지가 디도스(DDoS) 공격을 받아 마비되었다는 뉴스가 속보로 전해졌고, 그 배후에 한나라당 관계자(이후 새누리당)가 있었다

는 사실이 드러나면서 국민들은 큰 충격에 빠졌다.

그 사건은 나에게 큰 전환점이었다. "정치가 해킹을 한다고?" 처음엔 믿기지 않았다. 선거와 IT, 보안과 여론조작이 실제로 연결될 수 있다는 사실, 그리고 정치가 단순히 사람과 제도의 문제가 아니라 기술과 데이터의 전쟁이 될 수 있다는 현실은 내게 민주주의의 또 다른 취약성을 각인시켜주었다. 투표는 종이로 하지만, 선거는 네트워크 위에서 작동하고 있다는 진실.

그 시기, 나는 자연스럽게 김어준의 팟캐스트 <나는 꼼수다>를 듣기 시작했다. 당시 '나꼼수'는 단순한 정치 해설 방송이 아니었다. 풍자와 폭로, 욕설과 은유, 조롱과 분노를 한데 섞은 새로운 형식의 정치 언어였다. 기성 언론에서는 들을 수 없는 내부 정보와 권력 비판, 그리고 날것의 농담까지, 이 모든 것이 청년 세대에게는 해방구이자 카타르시스로 작용했다.

나는 그 방송을 들으며 처음으로 "정치를 웃으면서도 진지하게 느낄 수 있다"는 경험을 했다. 웃음은 가벼웠지만 그 안에 담긴 감정은 결코 가볍지 않았다. 진지한 보도보다 유쾌한 조롱이 더 진실에 가까울 수 있다는 역설, 그것이 나꼼수가 우리에게 가르쳐준 미디어의 역학이었다.

　같은 시기, <SNL 코리아>라는 프로그램이 방송되기 시작했다. 스케치 코미디라는 형식 안에서 정치인을 희화화하고 실제 발언과 행동을 풍자하는 장면들이 매주 토요일 밤 방송됐다. 우리는 그것을 보며 웃었고 또 웃으면서 해석했다. 뉴스와 정치인을 보던 눈빛이 달라졌고, 우리 안에는 '해학적 시민 감각'이 자라고 있었다. 그때 나는 깨달았다. 풍자는 단지 웃음을 위한 것이 아니었다. 풍자는 하나의 저항이었고, 저항은 곧 시민의 감정 표현이었다. 그 시절, 우리는 투표권을 갖기 시작했지만, 그보다 먼저 웃을 수 있는 권리를 통해 정치를 감각하기 시작했다.

　그 웃음은 단순히 희화가 아니었다. 억압받은 감정, 무시당한 현실, 잊힌 시민성을 되찾기 위한 방식이었고, 그 웃음 속에서 우리는 정치적 존재로 조금씩 성장하고 있었다. 2011~2012년, 그것은 코드로 해킹된 민주주의에 대해 말장난과 웃음으로 저항했던 세대의 기억이다. 그리고 그 기억은 지금도 나에게, "정치를 어떻게 견디고 표현할 것인가"에 대한 가장 직관적인 감각으로 남아 있다.

PART 6

박근혜 정부,
회사원의 시작

○
1

사회인이 된다는 것

#창조경제   #SNL   2013년 6월, 25세

2013년, 나는 이제 막 사회생활이라는 거대한 세계에 발을 들였다. 첫 출근 날, 새 구두가 발을 조였고 셔츠의 목깃은 어깨에 맞지 않았다. 하지만 그보다 더 낯설었던 건, '조직'이라는 구조 속에서 인간이 어떻게 말하고 움직이고 침묵해야 하는지를 배워가는 과정이었다.

이 시기의 내 관심사는 분명했다. 정치보다는 엑셀 파일, 국가 이슈보다는 팀장님 표정, 미래 전략보다는 오전 9시까지 출근을 무사히 해내는 방법이었다. 갓 입사한 신입사원에게 '정권'이라는 단어는 너무 멀고도 커다란 것이었다. 청와대보다는 팀 회의실, 대통령보다도 바로 옆자리 과장이 훨씬 중요한 존재였다.

당시 나의 하루는 '배우는 척'과 '모른 척'이 반복되는 일정이었다. 엉성한 보고서를 '고생했어.'라는 말로 받아줄 것 같았던 팀장은, 실제로는 셀 서식 하나 안 맞췄다는 이유로 대놓고 한숨을 쉬었다. 나는 그때부터 '일이란 건 눈치로 배우는 것'이라는 사실을 실감하기 시작했다.

그해는 사회적으로 큰 이슈가 떠오르지 않았던, 어찌 보면 정치적으로는 잠잠한 해였다. 박근혜 정부가 막 출범한 시기였고, 정권 초기 특유의 무기력하고 불투명한 분위기 속에서 언론도 사람들도 일종의 '관망' 상태에 머물러 있었던 것 같다. 창조경제라는 단어가 많이 언론에서 나왔던 것 같다.

그렇기에 더욱 인상 깊었던 건, 당시 대중문화에서 풍자의 형식이 부활하고 있었다는 사실이다. 특히 <SNL 코리아>는 그 시기 직장인들 사이에서 뜨거운 인기를 끌고 있었다. 정치인, 연예인, 회사 생활, 사회적 이슈를 패러디한 짧은 코너들은 우리가 평소에는 말하지 못했던 이야기들을 코미디의 형태로 대신 풀어내 주는 작은 해방구 같았다.

매주 토요일 밤이면 어김없이 <SNL>을 챙겨봤다. "이건 진짜 우리 팀장님 얘기잖아.", "저건 우리 회사 단톡방 대화잖아." 하며 웃는 동시에, 어딘가 찝찝하고 씁쓸한 감정이 뒤따르곤 했다. 그 웃음은 단지 재미를 위한 것이 아니었다. 그건 피로에 지친 직장인들이 웃음을 통해 현실을 버티는 방식이었고, 그 안에는 말하지 못한 불만과 체념, 공감이 고스란히 담겨 있었다.

그때 처음 알았다. 풍자란 무언가를 바꾸기 위한 것이기보다 우리가 그것을 견디기 위해 만든 언어라는 것을. 웃음은 때로 분노보다 더 강한 해석의 방식이 되었고, 나는 그 해석 속에서 조금은 위로 받고 조금은 살아남을 수 있었다. 2013년은 내 인생에서 아주 큰 변화의 해였지만 뉴스 속 제목보다 더 강렬하게 남아 있는 것은 회사원의 피로가 웃음으로 정화되던 <SNL>의 장면들이었다. 그리고 그 장면들은 지금도 나에게, 그 시절 내가 얼마나 작고 조심스러운 존재였는지를 알려주는 거울이 되고 있다.

○
2

2014년 4월, 세월호의 기억

`#세월호` `#스누라이프`　　　　　　2014년 4월, 26세

2014년 봄, 대한민국은 갑자기 멈췄다. 4월 16일, 아직 꽃이 다 지지 않은 그날 아침, 세월호라는 이름의 배가 바다에 가라앉기 시작했고, 그 배와 함께 우리 모두의 감각과 믿음도 조용히 침몰하고 있었다.

나는 그날 회사에서 6시그마 BBc 교육을 받고 있었다. 성과, 개선, 품질관리—얼핏 딱딱하고 기술적인 언어들이 흐르던 강의실, 강사도 참가자도 예의와 체계 안에 갇힌 채 하루를 이어가고 있었다. 그런데 갑자기 휴식시간에 누군가 휴대폰 화면을 보여주며 말했다. "배가 하나 뒤집혔대요." 처음엔 실감

이 나지 않았다. 속보 자막에는 "전원 구조"라는 문구가 떴고 강의장 안은 일시적인 안도감과 함께 다시 차분해졌다. "요즘 기술이 좋아서 다 구조됐나 보지." 누군가 그렇게 말했고, 우리는 다시 교육 자료에 집중하려 했다.

하지만 시간이 흐르면서 상황은 점점 이상해졌다. "구조 중"이라는 표현이 "구조 난항"으로 바뀌었고, 그 다음엔 "실종자 수 변동 없음", 그리고 이어 "추가 생존자 발견 불투명"이라는 문장이 줄줄이 붙었다. 처음에는 잘못된 보도라 믿고 싶었지만 점점 더 확실한 진실이 드러나기 시작했다. 그 배는 지금도 가라앉고 있었고 사람들은 여전히 그 안에 있었다.

그날 이후, 대한민국은 거대한 무력감의 터널을 통과했다. TV 앞에 붙잡힌 눈, SNS에 떠다니는 분노, 회사 휴게실에서 터져 나오던 짧고 무거운 대화들—사람들은 한 가지 질문에 집착했다. "왜 아무도 구조하지 않았는가?" 그 질문은 단순히 작전의 실패나 매뉴얼의 문제를 넘어서 있었다. 국가라는 구조는 왜, 그렇게 가라앉는 것을 지켜보기만 했는가? 세월호의 침몰은 하나의 사고가 아니라 시민의 믿음, 공동체의 신뢰, 국가 시스템에 대한 기대가 함께 붕괴된 사건이었다.

나는 매일 똑같이 회의에 들어가고 보고서를 쓰고 점심을 먹고 퇴근을 했다. 일상은 겉으로는 그대로 흘러갔다. 하지만 마음속 어딘가는 완전히 멈춰 있었다. 서류를 읽는 눈과 뉴스 자막을 바라보는 눈이 다르게 움직였고, 회의실에서 고개를 끄덕이다가도 무언가 말이 잘 나오지 않는 날들이 이어졌다.

특히 기억에 남는 장면은, 그 무렵 서울대 커뮤니티 '스누라이프'에 올라온 한 게시글이었다. "내가 세월호에서 탈출했다." 이 글은 순식간에 커뮤니티를 타고 번졌다. 수많은 사람들이 댓글을 달았고 위로했고 그 글을 위대한 탈출담처럼 퍼뜨렸다. 하지만 곧 그 글이 허위였다는 사실이 밝혀졌다. 거짓말이었다. 구조된 생존자도 아니었고 배에 타지도 않았던 사람이 만든 이야기였다.

그 사실이 알려졌을 때 분노보다 먼저 밀려온 감정은 허탈함이었다. 나는 단지 거짓말이라는 사실보다 사람들이 그 이야기 하나에 얼마나 간절하게 매달렸는지를 보여주는 광경 자체가 더 슬펐다. 그 허위의 이야기 속에는 '한 명이라도 구조됐으면 좋겠다'는 집단적 희망, 그리고 어떻게든 구해졌다는 서사를 통해 위로받고 싶었던 국민의 무의식이 고스란히 투영되어 있었다. 진실보다 거짓에 더 많이 기대고 싶었던 순간, 우리는 너무도 절망적인 현실을 받아들이지 못한 채 잠깐이라도 마음을 붙들어 줄 스토리를 찾아 헤매고 있었던 것이다. 그 사건은 나에게 단 하나의 감정을 남겼다. 정지된 세계 속에서도 일상은 계속되며, 그 속에서 인간은 이해할 수 없는 방식으로 무너지고 있다는 것.

세월호는 단지 304명의 생명을 앗아간 재난이 아니었다. 그건 대한민국이라는 이름의 국가가, 한순간에 그 구성원에게 무엇을 할 수 있고 무엇을 하지 못하는지를 극명하게 드러낸 사건이었다. 그리고 나는 그날 이후, 뉴스를 볼 때마다 모든 숫자와 통계를 사람의 이야기로 다시 읽기 시작했다. 왜냐하면 그날 우리는, 너무 많은 사람들의 목소리가 구조되지 못한 채 가라앉는 광경을 그저 지켜볼 수밖에 없었던 '살아남은 자들'이었기 때문이다.

○
3

헬조선이라는
이름의 나라

`#헬조선`   `#FIRE`   2015년 11월, 27세

2015년 무렵, 한국 사회엔 어느새 한 단어가 공기처럼 퍼지기 시작했다. '헬조선.' 지옥을 뜻하는 '헬(Hell)'과 대한민국을 자조적으로 이르는 '조선'이 결합된 이 표현은, 단순한 유행어나 풍자에 그치지 않았다. 그것은 청년 세대가 자신의 현실을 바라보는 가장 날카롭고 절망적인 방식이었다. 그 시절, 정규직 일자리는 극소수에게만 열려 있었고 그나마 들어가더라도 연봉은 낮고 야근은 일상이었으며, 신입에게는 경력직을 비정규직에게는 충성심을 요구하는 모순이 만연했다. 결혼은 사치, 출산은 불가능한 프로젝트처럼 느껴졌다. 기회는 줄었고

기대는 무너졌으며 국가는 점점 더 멀어지고 있었다.

당시 나는 여전히 게임을 즐겼다. 하루의 피로를 마우스와 키보드로 풀던 밤, 온라인 커뮤니티에 올라온 '헬조선 반도 지도' 이미지를 처음 봤을 때를 아직도 기억한다. 그 이미지는 마치 현실과 판타지의 경계가 무너진 듯한 느낌을 줬다. 지도에는 서울은 '엘리트 제국', 경기권은 '출퇴근 전사 훈련소', 지방은 '노오력 농장', 청년층은 '탈출구 없음 지옥 섬'으로 표시돼 있었다. 이름만 바꿨을 뿐, 누구나 자신이 어디에 속하는지 정확히 알아볼 수 있는 지도였다.

나는 그 이미지를 보며 웃었다. 그것은 분명 유머였다. 하지만 그 유머의 바닥엔 진한 체념과 공감이 함께 배어 있었다. 그건 나와 같은 수많은 청년들이 웃으며 자기 현실을 인정하는 방식이자, 비웃으며 생존을 이어가는 생존 전략이었다. 그와 동시에 또 하나의 단어가 입소문처럼 번져 나갔다. 바로 FIRE, Financial Independence, Retire Early. 경제적 독립, 조기 은퇴. 회사에 묶이지 않고 가능한 한 빨리 일에서 벗어나 자기 시간을 되찾겠다는 새로운 생존 서사.

이것은 단지 부자 되기 프로젝트가 아니었다. 현실의 노동과 삶에 대한 전면적인 회의의 결과였다. "지금의 노동으로는 내가 원하는 삶을 살 수 없다"는 집단적 인식 아래, 사람들은 가능한 모든 탈출구를 모색하고 있었다. 주식, 코인, 부동산, 유튜브, 블로그, 디지털 노마드. 무엇이든 가능성이 있다면 시도해보겠다는 절박함과 열망이 결합된 운동이었다.

  나 역시 그 흐름에서 자유롭지 않았다. 회사에 오래 묶이고 싶지 않았다. 언제든 떠날 수 있는 삶, 내 시간을 온전히 소유하는 삶을 꿈꾸게 되었다. 그래서 2016년, 나는 수익형 부동산을 구매했다. 경기 외곽, 작은 오피스텔이었다. 큰 투자는 아니었지만, 내가 처음으로 FIRE 감각을 몸으로 실행해 본 선택이었다. 처음엔 부동산 카페에 가입하고 부동산경제 유튜브를 보고 임대 수익률 계산표를 만들어보는 일들이 신선하게 느껴졌다. '내가 드디어 자산을 굴리는 사람이 되었구나.'라는 뿌듯함도 있었다. 하지만 동시에, 늘 불안했다. 공실은 나지 않을까? 이 지역은 뜰까, 질까? 대출 이자는 너무 높은 건 아닐까?

  나는 그 부동산을 통해 돈을 벌지는 못했지만 그보다 더 많은 걸 배웠다. 현실의 불안이 어떻게 투자라는 형태로 옮겨 붙는지를, 청년의 미래가 어떻게 '재산'이라는 단어 안으로 수축

되어가는지를. 헬조선이라는 말은 결국, 살고 싶은 나라가 아니라 견디고 있는 나라라는 뜻이었다. 그리고 FIRE는 그 나라에서 조용히 탈출하겠다는 몸짓이었다. 나는 그때 처음으로 이렇게 느꼈다. "정치는 멀지만, 구조는 가깝다. 시스템은 내가 감당해야 할 바로 그 현실이다." 헬조선이 만든 감정은 분노였지만 FIRE가 불러온 감정은 단념 섞인 실용이었다. 그 사이에서 나는 살아남으려 했고 또 한편으로는 어떻게든 '떠날 준비'를 하고 있었다.

○
4

잘못된 선택과
환상 뒤의 균열

#사드   #한한령   2016년 10월, 28세

2016년, 한국 부동산 시장은 뜨거웠다. 특히 '수익형 부동산' 열풍이 강하게 불고 있었다. 상가, 오피스텔, 도시형 생활주택 등 임대 수익을 낼 수 있는 소형 부동산에 자금이 몰렸고, 건설사와 중개업계는 앞다퉈 '월세만으로 노후 보장', '공실률 제로', '중국 관광객 전용 수익모델' 같은 홍보 문구를 내걸었다. 그 흐름 속에서 나도 경기 외곽의 한 오피스텔을 구입했다. 서울과 멀지 않은 위치, 지하철에서 몇 정거장 떨어진 신도시. 주변에 대형 쇼핑몰이 들어설 예정이었고, 개발 호재가 있다는 말도 들렸다. 나는 스스로에게 이렇게 말했다.

"이건 단순한 투기가 아니라, 불안한 미래에 대비한 투자야."
당시의 분위기는 충분히 납득할 만했다. 2015년, 박근혜 대통령은 시진핑 주석과 회담을 가졌고, 한중 관계는 그 어느 때보다 '훈풍'에 가까운 표현으로 설명되었다. 중국인 관광객(유커)의 한국 방문은 급증했고 명동, 동대문, 제주도 곳곳에서 중국어 간판이 늘어나고 있었다. 그 시기 뉴스에서는 자주 이런 말이 나왔다. "앞으로는 관광 인프라 시대다." "중국인 대상 임대사업은 무조건 성공한다." "지금이 아니면 기회를 놓친다." 나 역시 그런 흐름을 믿었다. 내가 구입한 오피스텔에도 언젠가 유커들이 숙소로 찾아올 것이라는 막연한 기대. 하지만 그 기대는 오래가지 못했다.

2016년 말, 대한민국 정치는 폭발했다. 박근혜-최순실 게이트, 이른바 '국정농단 사태'가 터졌고 대통령은 탄핵 소추를 당했으며, 국정은 사실상 마비 상태에 빠졌다. 그 혼란 속에서 또 하나의 결정이 내려졌다. 주한미군 고고도미사일방어체계(사드) 배치. 이 결정은 곧바로 중국 정부의 보복 조치로 이어졌다. 이른바 '한한령(限韓令)'—한국 콘텐츠와 문화, 여행을 제한하는 조치였다. 가장 먼저 영향을 받은 건 관광 산업이었다. 유커는 순식간에 사라졌고 면세점과 호텔, 쇼핑몰, 그리고 '외국인 숙소'를 기대하던 수많은 부동산들은 공실률이라는 현실의 벽 앞에 직면하게 되었다.

나의 오피스텔도 예외가 아니었다. 나는 그때 처음으로 '정책 리스크'라는 말을 피부로 이해했다. 외교 하나, 회담 하나, 정부 결정 하나가 내 통장 속 숫자를, 매달 납부해야 하는 대출 원리금을, 그리고 '수익형'이라 믿었던 나의 선택을 무력화시킬 수 있다는 사실. 그것은 단지 한 건의 투자 실패가 아니었다. 한 시대의 낙관이 무너지는 경험이었다.

나는 이렇게 생각했다. "내가 틀린 게 아니라 세상이 바뀐 것이다." 그건 사실일 수도 있고 변명일 수도 있다. 하지만 분명한 건, 정권의 선택이 나의 자산 구조를 바꿔 놓았고 국제 정세가 내 월세 수입에까지 영향을 줄 수 있다는 현실이었다. 이후 나는 부동산 뉴스에 훨씬 민감해졌고 경제면 기사에 달린 댓글까지 읽게 되었으며, 정치가 시장보다 가까울 수 있다는 아이러니한 진실을 내 삶의 언어로 받아들이게 되었다.

그 오피스텔은 아직도 갖고 있다. 크게 오르지도 팔리지도 않았다. 가끔은 부동산 앱을 열어보며 생각한다. "그때 그 선택은 실패였을까? 아니면 시대의 풍경 속에 놓인 하나의 결과였을까?" 아직도 모르겠다. 다만, 그 선택이 나를 시대와 엮어준 고리였다는 점만은 확실하다. 그리고 그 고리는 내가 '정치와 경제는 별개'라고 믿던 시절의 생각을 완전히 바꿔 놓았다.

○
5

다시 만난
탄핵이라는 말

#적폐 청산　　　　　　　　　　　　2017년 3월, 29세

  2016년 가을, 대한민국 사회는 다시 한 번 정치적 격랑의 중심으로 이동했다. 박근혜 대통령과 관련된 이른바 '국정농단 사태'가 언론을 통해 연일 보도되었고, 그 중심에는 비선 실세 논란, 청와대 문건 유출, 문화계 블랙리스트, 그리고 '태블릿 PC' 사건 등이 있었다. 당시 국민의 상당수는 분노와 실망, 그리고 충격을 동시에 경험했다. 대통령이라는 자리가 국민을 대표하는 공적 권위로서가 아니라 사적 이익의 통로로 전락했다는 사실에 많은 이들이 배신감을 느꼈다.

  이러한 분위기 속에서 시민들은 자연스럽게 거리로 향했다.

2008년 미국산 쇠고기 수입 반대 촛불집회 이후 약 8년 만에 광화문 광장은 다시 수십만의 사람들로 채워졌다. 계절은 겨울로 접어들었고 야외에서 장시간 시위를 이어가는 데는 결코 적절하지 않은 날씨였지만, 주말마다 광장은 열기와 함성으로 가득 찼다. 촛불을 든 시민들 사이엔 가족 단위의 참가자도 있었고 직장인, 학생, 은퇴한 노인들까지 다양했다. 나는 당시 몇 차례 이 집회에 참여했다. 누군가처럼 피켓을 들거나 구호를 외치지는 않았지만, 그 자리에 함께 서 있었다는 사실이 내게는 매우 중요했다.

손에는 커피 컵이 들려 있었고 마음속에는 설명하기 어려운 복합적인 감정이 자리 잡고 있었다. 한편으로는 '이번에도 바뀌지 않으면 어쩌나.' 하는 불안과 회의감이 있었고, 다른 한편으로는 '이번에는 다를지도 모른다'는 희망과 기대도 함께했다. 말하자면, 그 감정은 차분한 분노와 절제된 낙관 사이 어딘가에 있었다. "그래도 대한민국 국민들은 다르다.", "우리는 최소한의 상식과 정의를 지키기 위해 나설 줄 아는 사람들이라는 걸 보여주고 있다"는 생각이 내 마음속에서 조용히 작동하고 있었던 것이다.

결국, 국민의 집단적인 의사 표현은 제도적 반응으로 이어졌다. 국회는 박근혜 대통령에 대한 탄핵 소추안을 가결했고 그 결과는 헌법재판소로 넘어갔다. 이후 약 3개월간의 헌법재판소 심리 기간 동안, 국민들은 헌재가 어떤 결정을 내릴지 예의주시했다. 그리고 마침내 2017년 3월 10일, 헌법재판소는 재판관 전원일치로 탄핵을 인용했다. 법적으로나 정치적으로 모두 중대한 순간이었다.

그날, 많은 시민들이 헌법재판소 앞과 광화문 광장에서 탄핵 인용 소식을 듣고 환호했지만 그 감정은 단순한 기쁨만은 아니었다. 일말의 허탈함, 혹은 이제 다시 어디로 가야 하느냐는 불확실성도 함께 존재했다. 정치적 승리라는 느낌보다는, 상식과 법치가 최소한 작동했다는 안도감이 더 가까웠다.

그 이후 대한민국은 또 다른 국면으로 접어들었다. 조기 대선을 통해 문재인 정부가 출범했고, 사회 전반에 걸쳐 '적폐 청산'이라는 이름의 제도적, 상징적 정비가 진행되었다. 하지만 집회에 나섰던 시민들의 마음에 남은 건 단순히 정권 교체에 대한 만족감만은 아니었다. 오히려 "정의는 어떻게 유지될 수 있는가?", "정치는 언제쯤 국민의 신뢰를 회복할 수 있는가?" 같은 더 깊은 질문들이 남겨졌다고 볼 수 있다.

    나 역시 그런 물음을 안고 일상으로 돌아갔다. 그 시기를 지나면서 개인적으로 느낀 것은, 대한민국이란 나라는 수시로 흔들리지만, 그 안의 시민들은 스스로를 지키기 위해 결국 행동한다는 사실이었다. 그것이 완벽하지 않을지라도, 실패할 수도 있을지라도, 우리는 질문을 멈추지 않고 필요한 때 다시 광장에 나설 준비가 되어 있다는 점에서 특별하다고 생각한다. 여전히 마음 한 켠에는 "이번에도 실패하지 않기를" 바라는 두려움이 있다. 하지만 동시에, "결국 우리는 다시 싸우고 다시 일어서리라"는 신념도 함께 자리하고 있다. 그 시절의 경험은 단순한 사건의 기억이 아니라, 이 사회가 어떻게 움직이고 시민들이 어떤 방식으로 역사에 개입할 수 있는지를 직접 목격한 시간이었다. 그리고 그 기억은 지금도 내 안에서 살아 있다.

CHAPTER 3

세 번째 탄핵을 지나며

PART 7

문재인 정부, 가족의 시간

01

시작은
가족이었다

`#국가와 가족`   2020년 6월, 32세

문재인 정부 시기는 나의 삶에서도 분명한 전환점이었다. 직장 생활은 이제 막 '경력'이라는 단어로 불릴 수 있을 만큼 안정 궤도에 접어들었다. 그 시기 나는 결혼을 했고 아이를 낳았으며 '가족'이라는 구조 안에서 나의 역할을 새로 받아들여야 했다. 결혼식 날, 혼주 대기실에서 양복을 다듬고 있는 내 모습을 바라보며 나는 속으로 중얼거렸다. "이제 진짜 어른이 되었구나." 그리고 그 어른의 삶은, 생각보다 훨씬 더 많은 '제도'와 '정책' 속에서 움직이고 있었다.

신혼집을 구하려고 발품을 팔 때마다 마주한 부동산 대출 규제, 출산을 준비하며 알아봐야 했던 출산지원금, 육아휴직, 아동수당, 아이 이름을 등록하기 위해 찾아간 동사무소에서 받게 되는 출산축하용품 세트까지. 이 모든 것이 일종의 정치적 흔적들로 구성된 삶의 실루엣처럼 느껴졌다. 그 이전까지는 '뉴스'였던 단어들이 이제는 내 하루와 직결된 실시간 매뉴얼로 다가오고 있었던 것이다.

그 모든 변화의 정점은, 첫째 아이의 출산이었다. 아이를 낳은 산부인과 병원은 공교롭게도, 당시 문재인 대통령의 손자도 태어났던 병원이었다. 내 아이의 첫 울음을 들으며 기자들과 대통령 손자 이야기가 오갔던 공간 안에 내가 있다는 것이 어딘가 모르게 이상하고도 묘한 감정을 느꼈다. 물론 내 아이가 권력과 가까워진 건 아니었지만, 그 병원이라는 공간 안에서 처음으로 '국가'와 '가족'이라는 두 개념이 나란히 존재하는 느낌을 받았다. 단지 행정상의 연결이 아니라, 사회적 구조와 나의 감정이 처음으로 겹쳐지는 지점.

그리고 그 순간, 나는 분명히 느꼈다. "정책이 내 삶에 이렇게까지 가까이 들어올 수 있구나." 그것은 부담이기도 했고 동시에 기대이기도 했다. 국가가 잘 설계되면, 개인의 삶도 조금 더 안정적으로 이어질 수 있다는 믿음. 하지만 그 믿음은 뒤 이은 여러 사건과 실망 속에서 흔들리기도 했고 그래서 더 또렷하게 기억되는 것이다.

문재인 정부 시기의 나에게, 국가는 결코 추상적인 단어가 아니었다. 내가 결혼한 날, 아이를 안은 날, 병원에서 수속을 밟던 날, 집 대출을 신청한 날—그 모든 장면마다 국가라는 이름의 구조가 어딘가에 있었다. 그건 새로운 형태의 '정치 경험'이었다. 투표나 시위가 아니라, 삶의 조건 속에서 이루어지는 정치. 그 속에서 나는 처음으로 진지하게 이렇게 말하고 싶어졌다. "나는 정책 안에서 살아가고 있다."

02

폭등의 기억,
말과 현실의 괴리

`#부동산` `#토허제`　　　　　　　　　　2020년 7월, 32세

　문재인 정부는 출범 초부터 분명한 메시지를 내걸었다. "집값을 반드시 잡겠다." 과거 정권들의 무능과 방임을 반성하며, 이 정권은 투기 근절과 실수요자 보호를 최우선 과제로 삼겠다고 선언했다. 그 말은 나에게도 일종의 안도감으로 다가왔다. 왜냐하면 그 시기 나는 마침 결혼을 앞두고 신혼집을 알아보는 중이었기 때문이다.

　'정부가 집값을 잡는다니까, 지금은 조금 기다려도 되겠지.'
'성급하게 사지 말고, 정책이 시장을 안정시킬 때를 노리자.'
그때 나는 분명히 그렇게 판단했다. 그리고 그 판단은 머지않

아 완전히 무너졌다. 불과 두세 달 사이에 집값이 2~3억씩 오르는 기현상이 서울 수도권 전역에서 벌어졌다. 시장이 이상했다. 아니, 광기에 가까웠다.

중개사무소에선 이렇게 말했다. "이번 주 보고 계시죠? 다음 주에 오시면 5천 더 비싸져요." "주말에 계약 안 하시면요, 월요일엔 없을 수도 있어요." 말도 안 되는 속도였다. 가격이 문제가 아니라, 속도가 문제인 시대가 도래했다. 누군가가 집을 보기만 해도, 그 사실이 곧 '가격 인상 신호'가 되었다. 한 매물을 알아보고 고민하는 사이, 다른 누군가가 계약을 마쳤다는 얘기를 듣기 일쑤였다. 거래는 없는데, 호가는 오르고, 사람들은 몰리고, 정책은 멀어졌다.

정부는 수십 차례에 걸쳐 대출 규제, 다주택자 세금 강화, 공급 확대 계획 등을 발표했다. 하지만 그 정책들은 시장을 잠재우기는커녕, 오히려 사람들 사이에 더 깊은 불안과 혼란을 불러일으켰다. 실수요자들은 '지금이 아니면 더 못 산다'는 공포에 쫓겼고, 다주택자는 규제 이전에 빠르게 매입을 늘렸다. 정책이 시장을 통제하지 못할 때 시장은 사람을 통제했다.

결혼이라는 인생의 중요한 결정을 내리는 와중에 나는 단

한 번도 '집을 고를 자유'를 느껴보지 못했다. '가장 합리적인 선택'이 아니라 '지금 당장 붙잡을 수 있는 유일한 선택'을 해야 했다. 그 과정에서 나는 어느 순간, 가격이 아닌 '속도'에 쫓기는 이상한 경쟁 속에 뛰어들고 있었다. 그때 절감했다. "정책이 잘못되었을 때, 가장 먼저 타격을 받는 건 시작하는 사람들이다." 이미 집을 가진 사람들, 다주택자, 투자를 선점한 이들은 단지 세금 계산을 달리할 뿐이었다. 하지만 막 결혼을 준비하고, 첫아이를 맞이하는 젊은 부부들에겐 이 시장은 '전쟁터' 그 자체였다. 총성은 없었지만, 통장 잔고와 대출 한도, 청약 당첨 확률과 전세 만기일이 무기가 되는 전쟁.

그 전쟁의 결과는 혼란과 박탈감이었다. 정부의 의지는 있었지만 설계와 실행은 허술했다. '잡는다'는 말은 쉬웠지만, 잡히지 않는 시장 앞에서 정책은 숫자 놀음으로 보였고, 사람들의 체감은 오히려 '외면당했다'는 감정으로 바뀌었다. 나는 그 시절을 지나며 알게 되었다. 정치는 말이지만 정책은 감정이다. 정책이 제 역할을 못 하면, 사람들의 감정은 곧 냉소로 변한다. 그리고 그 냉소 속에서, '청년층의 좌절'은 통계로만 설명할 수 없는 뿌리 깊은 심리로 자리 잡는다. 그 시절 나는, 국가와 시장 사이의 틈에서 내가 지켜야 할 것은 집 한 채가 아니라 내 삶의 계획 자체였다는 사실을 매일 실감했다.

○
3

정책 아래 무너진
현실

#대출 규제   2018년 3월, 30세

2016년, 나는 박근혜 정부 시절에 수익형 부동산을 구입했다. 당시 사회 전반에서 'FIRE족'(Financial Independence, Retire Early)이라는 말이 조용히 유행하고 있었고 나 역시 그 흐름에 감응하고 있었다. 경제적 독립. 더 이상 회사에 묶이지 않고 자산 수익으로 삶을 유지하는 새로운 인생 설계. 그 말은 내게 신선한 설렘을 안겨줬다. 회사 밖의 삶이 가능하다는 희망, 그 희망이 작게나마 구체화된 결과가 바로 오피스텔 한 채였다.

경기 외곽의 교통이 괜찮은 지역에 위치한 신축 건물. 투자가 많았던 곳은 아니지만 당시 중개사와 개발업자들이 공통적으로 말하던 멘트는 이랬다. "월세 세입자 꾸준히 있고, 임대수익 안정적입니다." "은퇴 후에도 쏠쏠할 거예요. 하나쯤은 갖고 계셔야죠."

나는 그 말을 믿었다. 아니, 믿고 싶었다. 단순히 돈을 불리는 것이 아니라, 내 삶의 방향과 독립을 위한 작은 기반을 만든다는 상징적 투자였다. 하지만 그 선택은 오래 지나지 않아 무너졌다. 문재인 정부가 들어서며 부동산 시장을 통제하려는 강도 높은 정책들이 줄줄이 발표되었다. 표면적으로는 다주택자와 투기 수요를 겨냥한 것이었지만, 그 여파는 실수요자와 소형 임대업 투자자에게도 똑같이 미쳤다.

수익형 부동산에도 예외 없이 대출 규제, 임대업 제한, 종부세 대상 확대, 금융기관 대출 심사 강화가 적용되었다. 그 결과 내가 보유한 오피스텔의 자산성은 급속도로 악화되었다. 임대 수익은 계획보다 훨씬 낮았고 공실은 길어졌으며 세입자는 매년 바뀌었다. 가장 결정적인 건 대출이 예상보다 훨씬 적게 나왔다는 사실이었다.

나는 분명 계획을 세웠다. 수입과 지출, 원리금 상환, 공실 리스크까지 반영한 수익률 시뮬레이션도 돌려봤다. 하지만

'정책 변화'라는 변수를 반영하지 못했다. 정부는 어느 순간부터 '임대업'이라는 단어 자체를 투기와 동일시했고, 그 결과 은행은 내게 '불확실한 고객'이라는 스탬프를 찍었다.

대출 한도는 당초보다 30% 가까이 줄었고 월 상환 부담은 반대로 40% 이상 늘어났다. 처음엔 버틸 수 있다고 생각했다. 하지만 시간이 지날수록, 이 수익형 부동산은 '자산'이라기보다는 '리스크'에 가까운 존재로 변해갔다.

그때 처음으로 내 안에 질문 하나가 생겼다. "나는 중산층인가?" 그리고 그 질문은 다른 질문으로 이어졌다. "중산층이라면 안전한가?" 이 질문에 내가 내린 답은 이랬다. "중산층이라는 위치는 정책 하나로도 무너질 수 있는 허약한 구조 위에 있다." 그 구조는 정치에 영향을 받지 않는다고 믿는 사람들 위에 놓여 있었고, 그 믿음이 무너질 때 우리는 시장에서의 위치와 삶의 태도를 다시 정의해야 했다.

나는 그 이후부터 정책 뉴스에 예민해졌고, 부동산 정책 브리핑을 스스로 챙겨 읽게 되었다. 정부 발표 이전에 커뮤니티 여론부터 살피는 습관이 생겼다. 그리고 무엇보다 강하게 체감하게 된 건 이 한 가지다. "나는 시스템 밖에서 투자한 것이 아니라, 시스템 안에서 무방비하게 노출된 것이다."

수익형 부동산은 나의 잘못된 판단만으로 실패한 것이 아니었다. 그 실패는 불확실한 미래를 감내하려는 개인의 노력에 대해, 제도가 어떻게 외면하고 되레 짐을 지우는지를 보여주는 단면이었다. 그 오피스텔은 아직 내 이름으로 남아 있다. 그 이름은 내가 '중산층'이라고 믿던 시절의 기억이자, 정책과 시장 사이에서 작아졌던 나의 실루엣이다.

o
4

조국과
정의에 대한 혼란

`#조국사태` 　　　　　　　　　　　　2019년 10월, 31세

문재인 정부의 출범은 많은 이들에게 일종의 도덕적 기대를 안겨준 사건이었다. 촛불로 상징되던 정권 교체, '나라다운 나라'를 만들겠다는 슬로건, 그리고 무엇보다 그 중심에 자리한 '공정'과 '정의'라는 말의 울림은 지치고 분노했던 시민들에게 정서적 회복을 약속하는 언어로 작동했다.

그러나 그 약속이 가장 깊이 흔들린 순간이 찾아왔다. 바로 2019년, '조국사태'였다. 그 무렵 나는 해외 프로젝트로 인해 미국에 체류 중이었다. 시간차와 공간의 거리 때문에 실시간 뉴스나 촛불 시위 현장의 공기를 피부로 느끼진 못했지만, 그

럼에도 불구하고 SNS와 각종 기사, 그리고 주변 지인들의 분노 어린 토만으로도 당시 한국 사회가 겪고 있던 집단적 충격과 도덕적 분열은 충분히 감지할 수 있었다.

조국. 그 이름은 단순한 개인이 아니었다. 진보 진영이 지난 수십 년간 붙들고 있었던 가치들의 압축된 상징이자, 문재인 정부의 도덕적 무게 중심을 떠받치던 인물이었다. 그런 인물이 입시 특혜, 자녀 인턴 의혹, 가족의 재산 운용 문제 등으로 도마에 오르자 사람들의 반응은 단순한 '의혹 제기'나 '논란'의 수준을 넘어서 있었다. 그건 공정이라는 이름 아래 희망을 걸었던 이들이 느낀 배신의 감정, 그리고 정의라는 단어에 가졌던 최소한의 믿음이 무너지는 순간이었다.

조국사태는 단순히 개인의 위신이나 공직자의 자격 문제가 아니었다. 그는 '기대'를 대표하고 있었고, 그 기대가 '현실'과 충돌하는 장면은 이념보다 훨씬 깊고 넓은 심리적 붕괴를 동반했다. 나는 그 사건을 지켜보며 문득 이렇게 생각했다. "정치란 결국 사람의 문제구나." 이념도 정책도 제도도 중요하지만 그 모든 것을 현실에서 실현시키는 건 결국 '행동하는 개인'의 윤리이자 책임감이라는 사실. 그리고 그 책임이 회피되거나 변명되거나 정치적으로 방어되기 시작할 때 국민은 말 대신 등을 돌린다. 그 침묵이 바로 정치적 심판의 예고편이라는 걸, 나는 그 사건을 통해 다시 배웠다.

조국이라는 한 사람의 논란은 곧 정권 전체의 윤리성과 신뢰도에 대한 시험대로 전환되었고, 진영 논리로 그를 옹호하는 흐름은 오히려 "우리가 비판했던 그들과 무엇이 다른가"라는 회의로 이어졌다. 정치는 감정이다. 그리고 '정의'는 감정과 가장 가까운 정치적 언어다. 정의가 흔들리는 순간, 그 감정은 실망을 넘어 분노로 전이되며, 그 분노는 투표나 시위 이전에 정치로부터의 심리적 이탈로 먼저 나타난다.

나는 해외에 있었지만 그 뉴스 하나하나를 보며 알 수 있었다. 그날 이후, 많은 이들이 '그들'이라는 말 대신 '우리'라는 말을 잃어버렸다는 사실을. 정치가 실망스러운 것이 될 때, 시민은 그냥 실망하지 않는다. 그들은 기대를 철회하고 감정을 거두고 무관심으로 빠져든다. 조국사태는 바로 그 출발점이었다. 그리고 그 흔들림은 이후 몇 년에 걸쳐 정치적 균열과 냉소의 기저 감정이 되어 퍼져 나갔다. 그건 단지 한 사람의 문제가 아니었고, '무엇을 상징했던가'와 '어떻게 책임졌는가' 사이의 괴리가 낳은, 시대의 진통이었다.

PART 7 문재인 정부, 가족의 시간

○
5

팬데믹의 시간을
겪으며

`#코로나` `#백신`　　　　　　　　　2021년 9월, 33세

    2020년, 전 세계가 멈췄다. 코로나19 팬데믹이라는 전례 없는 위기는 국경과 도시를 넘어 사람의 일상과 감정을 무너뜨렸다. TV 화면 속 뉴욕의 거리도, 로마의 광장도, 그리고 서울의 지하철도 한순간에 조용해졌다. 그 누구도 아무것도 예외가 아니었다.

    그 시기 나는 결혼 준비를 막 마친 상태였다. 예식장 계약서에 사인을 하고 하객 인원과 식단을 고민하며, 신혼여행으로 유럽을 갈지 미주를 갈지 이야기 나누던 그 모든 일상은 불과 몇 주 사이에 모두 무력해졌다. 여행사에서 취소 연락이 오고,

항공사에서 환불 지연 안내가 오고, 정부는 하루가 다르게 방역 지침을 갱신했다. 결국 우리는 모든 계획을 접고 제주도로 신혼여행의 방향을 틀었다.

그 여행은 분명 '신혼'이었지만, 마스크를 쓰고 탑승한 비행기와, 거리두기 때문에 텅 빈 식당과 관광지, 그리고 체크인 시마다 작성해야 했던 방역 서약서는 기억하고 싶었던 로맨틱한 여행이 아닌 전염병 시대의 기록으로 남았다. 팬데믹 초기, 특히 마스크 대란은 한 국가의 체계가 얼마나 빠르게 흔들릴 수 있는지를 보여주는 상징적인 사건이었다. 약국 앞에는 긴 줄이 늘어섰고, '오늘 마스크 나오는 날'이라는 정보가 커뮤니티를 통해 공유되었다. 심지어 온라인에선 매크로 프로그램을 이용해 마스크를 싹쓸이하는 사람들까지 등장했다. 정부는 부랴부랴 출생연도 끝자리에 따라 요일별 구매 제한제를 도입했고, 우리는 '자기 생년월일에 따라 살 수 있는 날이 따로 정해지는 사회'를 처음 경험했다.

그 무렵 나는 해외 출장을 다녀오는 중이었다. 입국과 동시에 열 감지 센서, 격리 앱 설치, 동선 확인서 제출이 이어졌다. 공항에서는 마치 다른 나라에서 돌아온 의심자처럼 신속하면서도 무언의 경계 속에 배치되어 있었다.

그 모든 과정에서 나는 '질병관리'라는 말이 단지 의료의 문제가 아니라, 이동, 사생활, 기술, 감정까지 모두 재편하는 거대한 프레임이라는 사실을 실감했다.

그리고 백신 도입 초기—모두가 기다렸던 '희망의 주사'는 정작 예약조차 어려운 '하늘의 별 따기'였다. 정부는 고령자와 기저질환자, 필수인력에게 우선순위를 두었다. 그 정책 자체는 타당했지만, 내 차례가 언제일지 모른다는 불확실성은 이상한 조급함과 불안감을 만들어냈다.

예약 사이트는 열릴 때마다 마비되었고, 나는 몇 번이고 새로고침을 반복하며 "이게 지금 백신을 맞으려는 건지 콘서트 티켓팅을 하는 건지 모르겠다"는 말이 절로 나올 만큼 비현실적인 풍경 속에 서 있었다. 그 시절의 나는 결혼하고 신혼여행을 갔고 출장을 다녀왔으며 백신 예약을 기다리는 채로 매일 마스크를 챙겼다.

모두 '일상'의 이름으로 이루어진 일이었지만, 그 모든 일상의 이면에는 팬데믹이라는 거대한 질병의 질서가 숨어 있었다. 그때 처음으로 느꼈다. "현대 사회에서 개인의 삶은 어느 날 갑자기 '공중보건'이라는 이름으로 재설계될 수 있다." 그리고 그 재설계는 단지 불편함의 문제가 아니라, 삶의 리듬과 감정의 구조까지 바꿔 놓는다는 사실을. 2020년의 나는 그 감정 속에서 단지 '살아남는 것'이 아니라, 어떻게 기억할 것인가를 고민하는 사람이 되어 있었다.

6

나와 국가의
거리를 느끼다

`#정책` `#프레임`   2021년 12월, 33세

문재인 정부 시기, 나는 개인적으로 많은 것을 이뤄냈다. 가정을 꾸렸고 아이를 낳았고 신혼집을 알아봤고 회사에서는 어느덧 '사회인'으로 자리잡아가기 시작했다. 그 모든 경험은 인생에서 가장 생생하고 결정적인 장면들로 남아 있다. 그런데 흥미롭게도, 아니 어쩌면 당연하게도—그 장면마다 국가가, 정권이, 정책이 함께 있었다.

이전까지는 정치를 그저 '뉴스의 영역'으로 여겼다. 정권이 바뀌면 뉴스 해설의 톤이 달라지고 기자들의 표정이 조금씩 다르게 바뀌는 것 정도로 느꼈을 뿐이었다. 하지만 이 시기,

나는 정치가 내 삶의 구체적인 선택과 감정에 얼마나 가까이 와 있는지를 실감하게 되었다.

신혼집의 가격. 단순히 위치와 구조, 학군을 따지는 문제가 아니었다. 대출이 가능한가? 지금 사야 하나? 집값이 더 오를까? 전세로 버텨야 하나? 이 질문들의 배경에는 항상 정부의 부동산 정책이 있었다. 공급 계획 발표, 대출 한도 변경, 세제 개편—그 어떤 결정도 내가 내릴 수 있는 '선택지'의 수를 바꿔놓았다. 그리고 나는 그때 알게 되었다. "선택지는 개인의 자유가 아니라 국가의 설계에서 비롯된다."

아이를 낳을 병원을 고를 때도, 신혼여행지를 정할 때도, 마스크를 사기 위해 어느 요일에 약국에 줄을 설지 정할 때도, 그 결정의 저변에는 국가의 행정 시스템이 깔려 있었다. 심지어 백신을 언제 맞을 수 있을지, 격리 기간 동안 누구와 연락할 수 있는지, 출입 기록을 어떻게 남겨야 하는지까지 모두 하나의 커다란 질서, 즉 '정책'이라는 이름의 구조 속에서 이루어졌다.

그 순간 깨달았다. "국가는 때로 삶의 프레임 전체를 구성하는 구조다." 나는 어떤 일정을 짜고 어떤 소비를 결정하고 어떤 미래를 상상할 때조차 '정권의 리듬'을 무의식적으로 따라가고 있었다. 어떤 정책은 따뜻했고 어떤 정책은 차가웠다. 정치의 온기와 냉기가 처음으로 피부에 닿았다.

그 이전의 정권들에서도 나는 살아 있었지만, 이 정권에서는 처음으로 '정치 속에서 살아간다'는 감각을 경험했다. 뉴스가 아니라 기사 댓글이 아니라 바로 내 일상 깊숙이 스며든 "실행되는 정치"의 얼굴을 마주했던 것이다. 그래서 나는 그 시기, 정치를 더 이상 국가 운영의 추상적 원리로 보지 않게 되었다. 그것은 내 삶의 리듬을 조정하는 진동, 내가 일어나는 시각, 내 아이가 태어나는 방식, 내가 감당할 수 있는 빚의 크기와 줄 수 있는 사랑의 형태까지 영향을 주는 실체적 존재였다.

문재인 정부를 통과하면서 나는 처음으로 진지하게 이렇게 말할 수 있게 되었다. "나는 정책 안에서 살아가고 있다." 그리고 그 사실을 받아들이는 것이 그 정권을 살아낸 나의 방식이었고, 그 시절 내가 감당해야 했던 현실의 무게였다.

PART 8

윤석열 정부,
균열과 일상의 교차점

○
1

0.7%의 대통령,
시끄러운 출발

#도어스태핑   2022년 5월, 34세

　윤석열 정부는 시작부터 조용하지 않았다. 2022년 3월, 대한민국 제20대 대통령 선거는 0.7% 포인트 차이, 그야말로 손에 땀을 쥐게 하는 결과로 끝났다. 승자조차 쉽게 환호하지 못했고 패자도 패배를 온전히 인정하지 못한 채 정치적 감정이 날 것 그대로 남아버린 선거였다.

　그 얇은 승리의 간극은 임기 내내 정치적 긴장과 갈등의 형식으로 되풀이됐다. 보수와 진보의 경계는 더 날카로워졌고, 뉴스 헤드라인은 하루가 멀다 하고 양 진영의 논박으로 채워졌다. 거리에서는 서로 다른 깃발이 맞섰고, 온라인 커뮤니티에서는 "이게 민주주의냐"는 질문이 사실상의 감정 방출구처럼 튀어나왔다. 그 시기, 나를 포함한 많은 사람들의 삶은 '정치적 피로감'과 공존하는 일상 그 자체였다.

윤석열 대통령의 짧은 출근길 브리핑 하나가 하루 종일 뉴스를 끌고 가고, 때로는 그 한마디가 실시간 검색어 1위에 오르고 저녁 뉴스에서 다시 분석되었다. 정책 발표는 하나하나가 전장처럼 느껴졌고, 그에 대한 반응은 찬성과 반대, 지지와 비판을 넘어 '이념적 감정의 충돌'로 비화되는 일이 잦았다.

나는 그 시절을 '시끄러움의 시대'라고 부르고 싶다. 소음은 정치에서만 나오는 게 아니었다. 뉴스 알림, 댓글 창, 단체 채팅방, 퇴근 후의 술자리 대화까지 일상의 모든 접점에서 정치가 피로하게 들려왔다. 그럼에도 불구하고, 삶은 멈추지 않았다. 아침이면 여전히 아이를 깨워 어린이집에 데려가야 했고, 점심이면 직장에서 이메일을 정리하고 보고서를 마감해야 했고, 저녁이면 마트에서 장을 보고 집에 돌아와 내일을 준비해야 했다.

세상이 아무리 시끄러워도, 사는 일은 언제나 조용히 반복된다. 그것이 바로, 윤석열 정부의 시작을 통과하며 내가 가장 선명하게 느꼈던 아이러니였다. 세상은 떠들썩했지만 나는 그 안에서 더 조용히 더 신중하게 내 삶의 리듬을 지키고자 애쓰고 있었다.

○
2

복지와 현실의
접점은 멀구나

`#아동수당` `#서울형 복지` 　　　　　2023년 3월, 35세

윤석열 정부 초반, 나는 두 아이를 키우며 가정 중심의 삶에 전념하고 있었다. 하루는 아이의 기저귀를 갈고, 다른 하루는 어린이집 준비물 리스트를 체크하며, 내 일상의 기준은 정치가 아닌 생활의 밀도로 정해졌다. 그 시기, 정부가 발표한 여러 정책 중 가장 즉각적으로 체감되었던 변화는 기존의 '영아수당'을 대체한 '부모급여'의 등장이었다. 2024년부터 만 0세 100만원, 만 1세 50만원을 목표로 하는(과도기에는 각 70만원, 35만원) 부모급여의 도입 소식은 실제로 가계에 작지 않은 안도감을 주었다. 이는 단지 현금 지원이 아니라, "국가가 우리

아이를 함께 돌보고 있다"는 상징적인 메시지이기도 했다. 나는 그 한 문장에 깊은 위로를 느꼈다.

2023년, 윤석열 정부는 육아와 가족 정책 부문에서 여러 가지 복지 제도를 손질하고 확장하려는 시도를 이어갔다. '부모급여'와 '아동수당', 출산장려금과 양육시설 지원 확대 등 다양한 정책이 발표되었고, 표면적으로는 아이를 키우는 가정에 대한 국가의 관심이 강화되고 있다는 메시지가 사회 전반에 전달되었다. 실제로 뉴스에서는 "출산율 회복과 부모의 삶의 질 향상을 위한 재정 투입"이라는 정부의 의지가 반복적으로 보도되었고, 몇몇 지자체는 이를 바탕으로 추가적인 맞춤형 혜택도 약속했다.

다만 그 시기를 살고 있던 한 가정의 입장에서, 즉 우리의 입장에서, 그 제도는 생각보다 아주 가까이 있지는 않았던 것 같다. '소득 기준'이라는 단어는 늘 우리가 벽에 부딪히는 지점이었다. 정부는 각종 복지 정책을 "전면 확대" 또는 "보편 지급"이라는 이름 아래 설명했지만 실제로는 여전히 다수의 제도들이 소득 분위, 재산 기준, 건강보험료 납부 금액 등으로 선별 지급되었기에 우리 가족은 그 기준에서 몇 걸음 늘 초과

된 위치에 있었다. 조금 더 번다는 이유로, 혹은 몇 천 원의 건강보험료 차이로, 우리는 대부분의 정책 지원대상에서 제외되었다. 정부의 복지 정책은 가까운 듯 멀었고, '국가가 아이를 함께 키운다'는 말은 유효하되 때론 우리에게 해당되지 않는 듯한 말이었다.

03

다시 움직인
부동산에 올라타다

#조정　　　　　　　　　　　　　　　　　　　　2023년 4월, 35세

　윤석열 정부 임기 초반, 부동산 시장에는 처음으로 '조정'이라는 단어가 실감되는 흐름이 나타나기 시작했다. 문재인 정부 5년간 폭발적으로 상승했던 집값은 금리 인상, 대출 규제, 경기 불확실성의 삼중주 앞에 잠시 멈춰 선 듯 보였다. 거래는 끊겼고 호가는 주춤했으며 중개업소는 이전의 활기를 잃고 조용해졌다. 뉴스는 "관망세", "냉각기", "급매 출현" 같은 단어로 시장을 진단했고 나는 그 시기를 '이사'라는 결정으로 맞이했다.
　문재인 정부 시절, 나는 이미 집값의 상승을 온몸으로 체감한 사람이었다. 이전에 알아봤던 집이 한 달 만에 1억이 오르고 계약을 미루는 사이 다른 사람이 먼저 사간다는 이야기를 들으며, '사는 건 타이밍이다.'라는 말을 통계가 아니라 감정으로 이해하게 된 입장이었다. 그래서 이번만큼은 놓치고 싶지 않았다.

윤석열 정부가 시작된 후 시장에는 처음으로 '살 수 있을지도 모른다'는 심리적 여유가 피어났다. 그 여유는 실상 불안에서 비롯된 것이었지만, '지금이라면 움직일 수 있다'는 생각은 그 불안을 잠시 희망으로 바꿔주었다. 나는 그 타이밍에 맞춰 새로운 보금자리를 구했고 이사라는 일생의 중대한 움직임을 감행했다. 이사는 단지 주소를 옮기는 일이 아니었다. 아이의 교육 환경, 출퇴근 거리, 생활 반경, 그리고 무엇보다 '이 가격이라면 감당할 수 있다'는 재정적 판단이 함께 작동한 결정이었다.

물론 이후에도 상황은 단순하지 않았다. 금리는 계속 올랐고 경기 침체에 대한 뉴스는 늘었다. 정책의 방향도 명확한 청사진보다는 그때그때 대응에 가까운 인상으로 다가왔다. 그럴 때면 나도 문득 생각했다. "지금 이 선택, 정말 잘한 걸까?" 그러나 그 질문에 대한 정답은 언제나 미래에 가서야 알 수 있는 것이었다. 그 당시 나에게 필요한 건 확신이 아니라 결단이었다.

그 결단의 뒤에는 "지금이라도 움직이지 않으면 안 된다"는 불안한 안도감이 있었다. 불안했기 때문에 용기를 냈고 안도하고 싶어서 발을 뗐다. 윤석열 정부 초반의 부동산 흐름은 내게 단지 수치나 그래프가 아닌, '움직일 수 있는 틈'이라는 실감의 공간이었다. 그 틈 속에서 나는 집값이 아닌 '살 수 있는 가능성'에 베팅했고, 그 가능성은 나에게 잠시나마 선택할 수 있는 인간이라는 감각을 되찾아 주었다. 그 감각만으로도, 당시의 이사는 내 삶에서 충분히 의미 있는 선택이었다.

○
4

세 번째 겪는
탄핵이라는 말

#체제의 한계   2024년 12월, 36세

그리고 마침내, 나는 생애 세 번째 탄핵 정국을 겪게 되었다. 2004년 노무현 대통령 탄핵 시도, 2016년 박근혜 대통령 탄핵 가결과 헌법재판소의 인용, 그리고 이번엔 윤석열 대통령에 대한 탄핵안 논의가 국회에서 공식적으로 거론되었다. 20대 대선 이후 불과 몇 해 지나지 않아 정국은 다시 한 번 헌정의 중대 분기점을 향해 나아갔고, 그 상황 앞에서 나는 문득 고개를 들고 스스로에게 물었다. "대한민국은, 지금 어디로 가고 있는가?"

그 질문은 단순히 정치적 상황에 대한 진단이 아니었다. 그보다 더 깊고 근본적인 체감, 즉 시대에 대한 피로와 구조에 대한 회의였다. 당시 나는 해외 워크숍과 여행을 겸해 타국에 체류 중이었다. 일상에서 조금 떨어진 거리 덕분이었을까? 정치 뉴스의 소용돌이를 한 걸음 물러서 바라볼 수 있었고, 그 덕분에 한국이라는 나라의 모습이 조금 더 객관적이고 이상하게 보였다.

해외에서 만난 외국인 동료들은 예상보다 훨씬 큰 관심을 보였다. "왜 한국은 이렇게 자주 대통령이 탄핵되는가?" "국민은 어떻게 이런 상황을 받아들이는가?"라는 질문이 반복되었고, 나는 마치 설명해야 하는 입장이 되었다. 처음엔 가볍게 웃으며 답했다. "우리는 이제 탄핵에 좀 익숙해졌어요. 20년 동안 세 번이나 겪었거든요." 그 말은 농담처럼 들렸지만, 그 말 끝엔 스스로도 모르게 허무하고 복잡한 감정이 따라붙었다.

익숙해졌다는 건, 더 이상 놀라지 않는다는 뜻이다. 그리고 놀라지 않는다는 건, 이미 기대를 접었다는 뜻이기도 하다. 나는 그 사실을 외국인 동료들의 표정에서 더 선명하게 실감했다. 그들은 놀라워했고 나는 무뎌져 있었다. 이 감정의 간극이 지금 우리가 처한 정치의 단면이 아닐까? 나는 그때 진지하게 생각했다. 어쩌면 지금 우리는 6공화국 체제의 말미에 서 있는 것은 아닐까?

1987년 6월항쟁 이후 출범한 이 체제는 직선제와 권력분립, 헌정 질서 위에 세워졌지만 그 이후 30여 년이 지나면서 이제는 이 사회의 복잡성과 감정의 다양성을 수용하지 못하는 단계에 이른 듯하다. 정치는 계속 반복되었다. 대통령은 교체되었지만 정치는 바뀌지 않았고, 논쟁은 깊어졌지만 대화는 실종되었다. 언론은 더 분열되었고 국민은 더 피로해졌으며, 민주주의의 언어는 점점 '진영의 외침'으로 왜곡되고 있었다.

감정은 갈라졌다. 서로 다른 삶을 사는 국민들이 서로를 이해하려 하기보다 서로의 존재를 위협으로 인식하는 구조가 일상화되었다. 정치 뉴스는 더 이상 정보의 전달이 아니라 정서의 분출이 되었고, 사람들은 무엇이 맞느냐 보다 누가 말했느냐를 먼저 따졌다. 그리고 그 모든 혼란의 중심에서 체제는 서서히, 그러나 분명히, 느리게 무너지고 있었다.

법은 여전히 작동하지만 신뢰는 이미 금이 가 있었고, 형식은 지켜지지만 그 형식 속 내용은 점점 비어가고 있었다. 세 번째 탄핵 논의가 다시 수면 위로 떠오른 순간 나는 느꼈다.

"이제는 대통령 개인의 문제가 아니다. 이건 시스템과 사회의 피로가 한계치에 이르렀다는 신호다." 우리는 어디로 가고 있는가? 이 질문은 아직 유효하다. 그리고 지금 이 사회가 내릴 수 있는 대답은, 단지 새로운 리더십이 아니라 새로운 구조에 대한 상상과 설계일지도 모른다. 탄핵은 언제나 정치의 위기이자 체제의 자가진단이다. 그리고 세 번째 진단을 마주한 지금, 우리는 이 체제가 더는 지속 가능하지 않을 수도 있다는 사실을 마침내 받아들여야 할 시점에 와 있는지도 모른다.

○
5

일상과 균열 사이에서

#살아간다

2025년 3월, 37세

그럼에도 불구하고 나는 둘째 아이를 품에 안았고, 결혼 후 처음으로 가족과 함께 해외여행을 다녀왔으며 새로 이사한 집에서 또 한 번 계절이 바뀌는 풍경을 바라볼 수 있었다. 정치는 시끄러웠다. 뉴스는 날마다 누군가를 향한 고성과 논쟁으로 채워졌고, 한 줄의 발언이 해석되고 분해되고 재생산되었다. 그러나 그 와중에도 내게 하루는 여전히 24시간이었고, 그 하루는 육아와 생계, 수면과 감정으로 가득 차 있었다.

대통령이 누구든 뉴스가 어떻게 흐르든, 아이를 깨우고 밥을 먹이고 씻기고 어린이집에 데려다 주는 아침은 단 한 번도 건너뛸 수 없는 루틴이었다. 가계부는 매달 정직하게 기록되었다. 할부금, 공과금, 보험료는 대선 결과와 무관하게 자동이체 되었다. 은행은 나의 정치 성향을 묻지 않았고, 대출 상환일은 단 하루도 연기되지 않았다. 세상이 떠들수록, 나는 더 조용히 살고 싶어졌다.

정치는 멀어지지 않았다. 오히려 가까워졌다. 뉴스 알림 하나가 감정을 뒤흔들고, 정책 하나가 하루의 계획을 바꿔 놓았고, 선언 하나가 나의 소비를 제한했다. 하지만 나는 그 시절을 '정치의 한복판에 서 있는 시민'이 아니라, '삶의 균형을 잃지 않으려는 한 사람의 가장'으로 살아가고자 했다.

큰 소리엔 귀를 잠시 막고, 작은 움직임 속에서 중심을 잡으며. 그것이 윤석열 정부를 살아낸 나의 방식이었다. 그리고 나는 알았다. '견디는 것'도 하나의 정치적 태도가 될 수 있다는 것을. 누구를 지지하든 무엇을 믿든 간에 결국 나와 같은 평범한 시민들이 조용히 아이를 키우고 묵묵히 대출을 갚고 말없이 저녁을 준비하며 이 체제를 오늘도 작동하게 만들고 있다는 것.

나는 조용히 살면서도 멀지 않은 미래를 기다리고 있다. 정권도, 체제도, 이 사회도 다시 한번 '무엇을 위해 존재하는가'라는 질문을 받아야 할 때가 올 것이다. 그날이 오면, 나는 다시 말을 아끼지 않을 것이다. 그러나 그때까지는, 나는 나의 방식으로 살아가며 이 시대를 조용히 견뎌낼 것이다.

PART 9

새로운
7공화국에 바란다

○
1

이제는
구조를 바꿀 때

　대한민국은 지난 수십 년 동안 1987년 체제, 곧 6공화국의 헌법적 틀 속에서 살아왔다. 1987년 6월항쟁이라는 시민의 거대한 움직임으로부터 비롯된 이 체제는 당시로서는 획기적인 정치적 타협의 산물이었다. 대통령 직선제의 도입, 5년 단임제의 채택, 입법부의 4년 임기, 그리고 행정부와 입법부, 지방자치단체 간의 일정한 시간 차이를 두는 선거 주기 구조는 권력 분립과 주기적 민심 반영이라는 두 가지 목표를 함께 추구하려는 장치였다.

　그 구성은 일견 균형 있어 보였다. 행정부는 국민의 직접 투표로 대통령을 뽑고, 입법부는 4년마다 총선을 통해 새롭게 구성되며, 지방정부는 총선과 2년 차이를 두고 진행되는 지방선거를 통해 지역 기반의 민심을 반영했다. 하지만 이제, 그 절묘해 보였던 타이밍과 구조는 시대의 변화 앞에서 점점 더 무겁고 비효율적인 것으로 작용하고 있다. 현행 체제는 본질적으로 정치적 동기와 행정적 실행의 주기가 어긋나는 구조를 갖고 있다.

대통령은 임기 5년 동안 단 한 번만 국민의 선택을 받는다. 그 임기 중간에 치러지는 총선은 대체로 정권에 대한 중간 평가로 치환되며, 행정부와 입법부 간의 협치는 사라지고 정권의 동력은 급속도로 약화되는 '레임덕' 구간으로 전환된다. 정책은 초반에만 속도를 내고 이후엔 의회의 벽에 막히거나 차기 정권을 의식한 '정치적 유예' 상태에 빠진다.

지방선거는 그나마 정권과 무관한 지방 의제를 다룰 수 있는 기회처럼 보이지만, 실제로는 중앙 정치의 대리전, 혹은 정당 지지율 확인전으로 소모된다. 정책 의제는 실종되고 지역의 목소리는 거대 정당의 프레임에 흡수된다. 이 모든 과정에서 실종되는 것은 정책의 연속성이고 국민의 피로는 점점 쌓

여간다.

　개헌은 기술이 아니라 감각의 조정이다. 이제는 분명히 말해야 한다. 대한민국은 더 이상 1987년의 정치 구조로 지속 가능하지 않다. 국민의 요구는 더 복잡해졌고 사회는 다중적이고 유연한 리듬으로 움직이고 있는데, 정치는 여전히 단선적 시간 구조와 이분법적 체제에 갇혀 있다. 그러므로 지금 필요한 개헌은 단지 대통령제냐 내각제냐를 고르는 제도 선택이 아니라, 정치의 리듬, 민주주의의 시간 배치, 민심의 반영 구조 자체를 조정하는 감각의 전환이어야 한다.

　정치는 리듬이다. 민주주의는 그 리듬이 민심과 어떻게 조응하는지를 통해 생명력을 얻는다. 지금의 대한민국은 그 리듬이 엇박자로 흐르고 있다. 정치의 시간표를 다시 그려야 한다. 총선과 대선을 동일한 해에 실시하자는 제안은 그러한 리듬의 재조정 시도 중 하나다. 대통령과 국회의 임기를 일치시키면 정권은 입법부와 함께 책임을 지고 일할 수 있으며, 총선은 더 이상 '정권 심판'의 수단이 아닌, 정책 실현의 파트너 구성이 될 수 있다.

　지방선거는 중앙 정치의 연장선이 아니라 정말로 지역과

시민을 위한 공간이 되어야 하며, 그 역할을 강화하려면 선거 주기를 재조정하고 국회 구성의 일부를 순환 구조로 전환하는 방식도 고려해볼 수 있다. 이것이야말로 개헌이 필요한 이유다. 정치 구조를 다시 설계함으로써 시민의 삶과 정치의 리듬이 다시 맞물릴 수 있는 구조를 만들기 위해서.

87년 체제는 위대한 시작이었다. 하지만 모든 시작은 끝을 포함하고 있으며, 그 끝이 바로 지금 우리 앞에 놓여 있다. 정치는 반복되고 정권은 교체되지만, 제도는 변하지 않음으로써 국민의 피로를 방치하고 있다. 이제는 그 피로를 회복할 수 있는 설계가 필요하다. 새로운 7공화국은 법의 조문만 바꾸는 시대가 되어서는 안 된다. 그것은 정치의 리듬을 재정의하고, 민주주의의 시간을 다시 조율하는 새로운 문명적 전환의 시작이어야 한다.

○
2

대선과 총선을 동시에

현행 헌법은 대통령의 임기를 5년 단임으로, 국회의원의 임기를 4년으로 규정하고 있다. 이 서로 엇갈린 주기는 겉으로 보기엔 정기적인 권력 교체와 민심 반영의 기회를 제공하는 듯하지만 실제 정치 운영에서는 구조적 불안정성과 반복적인 충돌을 야기해 왔다. 한 정권이 출범하고 국정 철학과 주요 국정과제를 본격적으로 추진하려는 시점에 총선이 도래한다. 이 총선은 대개 '정권 중간 평가'의 성격으로 흘러가 여소야대 국면이 형성된다. 국회는 곧 정권 견제의 전면에 나서고, 대통령이 추진하던 주요 정책들은 입법 단계에서 제동이 걸리거나

아예 무력화된다. 행정부와 입법부는 서로 다른 시간 속에서 움직이며, 협치보다는 대치의 프레임이 정치의 일상으로 굳어진다. 결국 정권은 임기 후반부로 갈수록 정치적 동력을 상실하게 되고, 국정은 실질적인 정책 실행이 아닌 정치적 공방의 소모전으로 전락한다.

그리고 그 상태에서 또다시 대선이 치러지고 새 정부가 출범하지만, 국회 구성은 여전히 이전 정권 하의 총선 결과에 기반하고 있기에 새로운 대통령조차도 시작부터 국회와의 충돌을 각오해야 하는 기형적 정치 구조가 반복된다. 정책의 연속성은 단절되고 정권의 성패는 구조적 운에 좌우되며 정치는 점점 단기 대응형으로 전락해간다. 국민은 정책보다 정쟁에 더 많이 노출되며, '선거 피로감'과 '정치 환멸'을 동시에 체감하게 된다.

나는 이러한 고질적인 리듬의 비효율을 극복하기 위해, 새로운 7공화국에서는 대통령 선거와 국회의원 총선을 2028년부터 동일한 해에 동시에 실시하는 개헌이 반드시 이루어져야 한다고 믿는다. 이는 단순히 일정을 맞추자는 제안을 넘어, 정치의 책임 구조와 정책의 추진력을 회복하려는 제도적 전환이다. 동일한 주기로 구성된 행정부와 입법부는 하나의 국민적 선택을 바탕으로 출발하며, 정권은 자신이 내건 공약과 비전을 실제로 실현할 수 있는 동력을, 국회는 비판자나 반대자 아닌 동반자이자 공동 책임자의 위치를 확보하게 된다. 협치의 구호가 아니라, 시스템 설계 자체가 협력을 전제로 구성되는 셈이다.

이 개헌은 절차상의 기술이 아니라 민주주의 리듬의 재조율이다. 선거의 피로도를 줄이고, 정권 교체기의 반복되는 정책 정지 현상을 막으며, 유권자가 한 번의 투표로 국가의 주요 진로를 일관되게 선택할 수 있게 하는 구조이기도 하다. 정치가 국민의 삶과 엇박자로 움직이지 않도록 이제는 제도의 박자를 다시 맞출 때다. 새로운 7공화국은 헌법 조문 몇 줄의 수정이 아니라, 정치가 국민을 바라보는 방식 자체를 근본적으로 재설계하는 시도가 되어야 한다.

○
3

교차 순환 구조의 제안

　현재 대한민국의 지방선거는 총선 2년 후, 즉 대통령 임기 중반과 맞물리는 시기에 치러진다. 이러한 구조는 제도적으로는 중앙과 지방 권력의 교차 감시와 균형을 의도한 것일지 모르지만, 현실에서는 지방선거가 독립적인 정치 공간으로 기능하지 못하고 사실상 총선 못지않은 '정치적 대리전'의 장으로 변질되어왔다. 민심은 선거가 있을 때마다 반복적으로 '정권 심판'이라는 프레임 속으로 빨려 들어가고, 이는 지방자치의 본래 목적―지역의 문제를 지역민이 주도적으로 해결하는 자율성과 정책 실험의 장―을 가리는 결과로 이어졌다. 어느 정당이 어느 지역에서 몇 석을 차지했는가만 뉴스에 보도되고, 정작 그 지역이 무엇을 논의했고 어떤 성과를 내었는지는 대중의 관심과 정치의 언어에서 사라진다. 결국 지방선거는 중앙 정치의 '연장전', 혹은 '사후 평가전'으로 반복되며, 지방자치는 제도의 틀 안에만 존재하는 이름이 되어간다.

  이러한 반복의 고리를 끊기 위해 나는 다음과 같은 개헌적 제안을 하고자 한다. 행정부와 입법부의 임기를 동일하게 맞추되, 국회의원 선거는 전면 교체가 아니라 절반씩 순환 교체하는 방식으로 전환하자. 즉, 국회의원 총선을 4년마다 한 번에 치르는 것이 아니라, 2년 단위로 상·하반기처럼 절반씩 교체하며 이 중 하반기 교체 시기를 지방선거와 연동시키는 방식이다. 이렇게 되면 지방선거와 국회의 일부가 같은 해에 재편되면서 지역 정치와 중앙 정치가 동시에 유권자의 선택을 받게 되고, 그에 따라 보다 실질적인 정책 연계와 정무적 긴장감이 만들어질 수 있다.

  무엇보다 이 제도는 지방선거가 중앙 정치의 그림자에서 벗어나 그 자체로 민심을 반영하고 정책 실험을 수행할 수 있는 독립적 공간으로 자리 잡게 할 수 있다. 단순히 '현 정권에 대한 중간 심판'이라는 기계적 프레임이 아니라, 지역 단위의 실제적 성과와 정책 경쟁, 그리고 중앙 권력과의 균형 감각을 복원하는 계기가 된다. 동시에 중앙 정치도 2년 단위의 부분적 재구성을 통해 권력 집중과 고착을 견제 받게 되며, 보다 유연하고 지속 가능한 민주적 리듬을 갖춘 정치 구조가 마련될 수 있다.

  민주주의는 단지 투표의 횟수나 절차의 반복에 있지 않다. 그 리듬과 질감이 얼마나 국민의 삶과 맞닿아 있으며, 중앙과 지역, 권력과 시민 사이의 균형을 조화롭게 구성하고 있는가에 달려 있다. 이제는 민주주의의 속도와 주기를 다시 설계할 시간이다. 그 시작은 '전체를 한 번에 바꾸는 방식'이 아니라, 부분적 순환을 통해 지속적으로 갱신되고 서로를 견제하면서도 협력할 수 있는 구조를 만드는 데에서 출발해야 한다.

○
4

국익을 우선하는
마음이 먼저다

　물론 내가 제안한 이러한 정치 개편 방향은 어디까지나 개인의 바람일 수 있다. 국가 운영의 방식과 권력 구조를 바꾸는 문제는 결코 단순하지 않으며, 각 정당은 저마다의 정치적 이해관계를 바탕으로 복잡한 셈법을 가지고 있다. 정치학자들 역시 채택하는 이론과 접근 방식에 따라 다양한 해석과 대안을 제시할 수 있다. 시민들의 기대 역시 결코 일방적이지 않다. 어떤 이들은 안정성을 중시하고 어떤 이들은 혁신을 요구하며 또 다른 이들은 정치 그 자체로부터 점점 멀어지고 있다. 이처럼 다양한 시선과 이해가 충돌하는 민주주의의 장에서 완벽한 합의는 존재하지 않을지도 모른다.

그러나 이 모든 조건들에도 불구하고 단 한 가지는 분명히 말할 수 있다. 정말로 국익을 우선에 둔다면, 권력의 유불리라는 단기적 계산보다 지속 가능하고 공정한 정치 구조 자체를 새롭게 설계하려는 시도가 우선되어야 한다. 지금의 제도는 반복되는 교착과 충돌, 단절된 책임정치와 국민 피로를 낳아 왔고, 그 한계는 이제 사회 전반의 신뢰 기반을 위협하는 지경에 이르렀다.

정치는 본질적으로 제도의 문제가 아니라 의지의 문제이기도 하다. 어떤 제도가 가장 이상적인가를 묻는 것도 중요하지만, 그보다 더 본질적인 질문은 다음과 같아야 한다. "우리는 과연 지금 이 제도를 계속 유지할 의지가 있는가? 그리고 그 제도를 책임질 준비가 되어 있는가?"

만약 정치가 신뢰를 회복해야 한다면 그 신뢰는 거창한 구호가 아니라 제도의 설계 과정 자체에 국민이 느끼는 진정성과 방향성에서 비롯될 것이다. 그 의지가 권력을 나누고 책임을 공유하며 민심의 리듬에 맞춰 구조를 설계하려는 정직한 노력으로 이어진다면, 지금 우리가 던지는 이 질문은 단지 헌법 개정 논의를 넘어서 새로운 시대를 여는 사회적 합의의 출발점이 될 수 있을 것이다. 그리고 바로 지금, 우리는 그 질문을 두려워하지 말고 던져야 할 시점에 서 있다.

○
5

리듬부터
새로워야 한다

지금 이 나라는, 세 번째 대통령 탄핵을 겪었고, 정권이 바뀔 때마다 신뢰는 무너지고, 국민들은 점점 더 정치로부터 멀어지고 있다. 정치에 대한 분노가 더 이상 행동으로 이어지지 않고, 냉소와 무관심이라는 이름의 침묵 속으로 가라앉고 있다. 이 상황은 단순히 한 명의 지도자가 잘못해서 벌어진 일이 아니다. 어느 한 정당의 무능이나 패착 때문만도 아니다. 이 체제 자체, 즉 우리가 지난 수십 년간 유지해온 정치의 리듬, 권력의 방식, 제도의 구조 자체가 더 이상 오늘의 대한민국을 감당하지 못하고 있다는 본질적 신호다.

정치는 본래 갈등을 조정하는 장치이고, 국민의 다양한 삶과 목소리를 하나의 리듬 안에 담아내는 구조여야 한다. 하지만 지금의 정치는 국민의 삶과는 동떨어진 리듬으로 스스로 고장 나 있는 시계처럼 분절적으로 움직이고 있다. 그래서 나는 말하고 싶다. 다가올 새로운 7공화국은 단지 헌법 몇 조를 고치는 형식적 개헌에 그쳐서는 안 된다. 그것은 정치의 시간표를 다시 짜고 권력의 주기를 조율하며 국민의 삶과 정책, 제도가 하나의 호흡으로 맞춰지는 새로운 민주주의 설계 작업이 되어야 한다. 정치는 결국 말보다 구조이고 소리보다 리듬이다. 그리고 지금의 리듬이 계속해서 어긋나고 있다면, 이제는 다시 한 박자 맞춰 나아가야 할 시간이다. 더 늦기 전에. 국민이 정치를 완전히 외면하기 전에. 민주주의가 절차만 남긴 채, 내용을 상실해버리기 전에.

에필로그

기억의 공화국,
그리고 우리가 맞이할 다음 시간

 나는 이 책을 통해 내 삶을 따라 대한민국 현대사를 걸어왔다. 1989년, 6공화국이라는 이름의 체제와 함께 태어나 6살의 시선으로 성수대교 붕괴를 보았고, 초등학생 때 IMF를 맞이하며 '실업자'라는 단어가 주는 낯설고도 선명한 불안을 처음 배웠다. 고등학생이 되어서는 탄핵이라는 말을 처음 들었고, 황우석과 한미 FTA, 전시작전권 환수 같은 굵직한 국가 의제들을 시험과 입시 사이사이 스치듯 흡수했다.

 대학교에 진학해 노무현 대통령을 청와대에서 직접 만나 "국가만 믿고 공부하라"는 말을 들었던 그 장면은 정치가 나와 무관하지 않다는 것을 처음으로 체감하게 해주었다. 군 복무 중 정작병으로 복무하며 대통령 훈시문을 요약하던 나는 노무현 전 대통령의 서거 소식을 인트라넷 공지로, 그리고 동료들의 무거운 침묵으로 맞이했다. 그리고 그 후로 나는 직장인이 되었으며, 박근혜 대통령 탄핵 시위를 지켜보았다. 문재인 정부 아래에서 결혼하고 아이를 낳았으며, 윤석열 정부 말기에는 세 번째 탄핵 정국을 또다시 바라보게 되었다.

그 시간 동안 나는 시민이었고 유권자였고 유보된 감정을 가진 관찰자였으며, 무엇보다 한 인간으로서 '정치라는 배경음 속에 살아가는 사람'이었다. 정치는 나를 선택자로 불렀지만, 나는 그 안에서 내 삶을 계속 조정하고 해석하고 감내해야 했다.

이 책을 쓰며 나는 다시 확인했다. 정치는 사건이 아니라 구조이고, 기억은 단지 회상이 아니라 해석이며, 역사는 기록이 아니라 사람의 감정과 행동이 만들어낸 시간의 층위라는 것을. 돌이켜보면, 나는 대한민국이라는 이름의 거대한 선박에 태어나자마자 승선한 승객이었다. 나는 그 배가 어느 항로로 가는지 몰랐지만 그 항해의 모든 흔들림은 내 몸과 마음에 고스란히 전해졌다.

이제 나는 곧 40대에 들어서며 묻고 싶다. 우리는 이 체제와 정치의 리듬을 과연 앞으로도 계속 감당할 수 있는가? 6공화국 체제는 분명 민주주의의 진전을 이뤘지만, 동시에 갈등의 구조, 정책의 비효율, 반복되는 심판 정치와 권력의 불안정성이라는 거대한 부담을 미래로 떠넘기고 있다.

새로운 7공화국이 온다면, 나는 그것이 단지 '다음 순번'의 체제가 아니라, 우리 스스로가 삶의 리듬에 맞게 정치를 다시 설계해보려는 성숙한 시민적 시도의 결과이길 바란다. 그 시작은 거창한 혁명이 아니라, 정치에 무관심해진 사람들의 목소리를 다시 돌아보는 데에서부터, 그리고 정치가 정권의 것이 아니라 '공화국의 것'임을 되새기는 데에서부터 출발해야 한다.

나는 여전히 아침이면 아이를 깨우고, 출근길에 뉴스 헤드라인을 훑고, 저녁이면 내일을 준비하며 하루를 마감한다. 그 조용한 일상 속에서 나는 바란다. 우리가 함께 살아가는 이 공화국이 더 이상 반복되는 탄핵과 교착의 구조로 환원되지 않기를.

정치는 결국 '이 나라가 어떻게 움직일 것인가'에 대한 공동의 문장이다. 그리고 그 문장은 정권이 아닌 시민들이 써야 한다. 나도 그 문장에 작게나마 나의 경험과 감정을 담아 한 줄을 보탠다. 그 한 줄이 다음 세대가 읽을 대한민국이라는 이야기에서 조금은 단단한 문장이 되길 바라며.